U0165612

凝煉知識品味閱讀

凝煉知識品味閱讀

台灣學入門

葉海煙◎主編
黃伯和、莊萬壽、鄭瑞明、卓春英、洪慶宜
陳錦生、吳麗珍、李憲榮、廖勝雄、葉海煙◎著

五南圖書出版股份有限公司

陳序

「長榮」這個屬於臺灣基督長老教會學校的老字號招牌(長榮中學、長榮女中、長榮大學)，是象徵著臺灣現代教育、啓蒙思想的主流標誌。百餘年來，「長榮」早已成爲培養本土社會菁英的搖籃。尤其本於基督的公義、博愛、救世愛人的精神，長老教會與長榮學園亦成爲臺灣追求民主自由、進步幸福進程中不可或缺的推手。

1992年長榮大學成立，萬方矚目冀望地能成爲一所弘揚臺灣文化與建構臺灣意識的教會學府，從長榮奠基於臺南府城以來所積累的傳統與精神來看，這種殷切的期盼，自可理解。

2003年錦生有幸接任長榮大學，即銳意經營，耕植本土文化於長榮，基於做一個臺灣人必先了解自己臺灣的歷史，更何況是一個大學生的信念，因此在大一入學新生必修的「長榮精神」課程中，規定要閱讀李筱峰教授著的《快讀臺灣史》。由外界捐助500本書，依梯次借給二千多名的新生閱讀，學生費時不多，卻能粗解自己土地上的歷史，是全臺大學的首創。

在這同時最重要的莫過於建立「臺灣研究」的專屬園地，才可能有花果纍纍的臺灣文化，在本校同仁的打拼與教育部的支持，2004年長榮大學終於成立了「臺灣研究所」，是以「臺灣」爲名，「臺灣學」爲實的臺灣第一個研究所。如今，名師薈集，斐然有可觀者焉，並已培養了不少具有文化專業與臺灣意識的人才。

在臺灣學的研究所不斷成長的基礎上，2009年秋本校通識中心正式開了「臺灣學入門」的課程讓全校大學部學生選修。這是由黃伯和副校長召集，哲宗系葉海煙主任擘劃以及文學院鄭瑞明院長的協助而開設的，一學期十六週分別由十六位專業教授任教，內容採廣義的臺灣學，亦即由下層結構的臺灣環境、生態、科技等到上層結構的社會、人文學科使選修的學生全面性的較深刻的了解臺灣、熱愛鄉土或可引導進入臺灣學研究之門。

經過了三個學期的教學，初步獲得了成效，多數教授都有文字講稿。臺灣所莊萬壽教授由此建議，要匯集成書，但知催稿不易，本書終由葉海煙主任主編與施慧命小姐幫忙而出版了。因爲時間的匆促，各領域的文字並未齊全。但畢竟是臺灣國內第一本的《臺灣學入門》。錦生期待本書能儘速修訂、補全、再版，讓長榮大學能爲臺灣本土文化教育盡一綿薄之力。

陳錦生
長榮大學校長

2011年01年03日

黃序

台灣當前的高等教育環境可以用大學林立來形容。近年來加上少子化的影響與挑戰，導致大學的經營競爭激烈。大學教育的特色營造，差異化定位因此成爲每個大學因應學生與社會需求，建構各自之競爭力的重要因素。尤其是像長榮大學這種創校歷史較短，沒有財團奧援可以用廣告強力放送的私立大學，更必須藉著辦學特色的形塑做爲訴求，來獲得學生、學生家長及社會的認同。

長榮大學雖然是一所年輕的學府，創校迄今只有17年的歷史，但因爲是基督教大學，並且是由台灣第一所西式中學——長榮中學所創辦，因此延伸了基督教在台灣從事教育工作的歷史與精神。爲了發揚基督教辦學的理念與使命，長榮大學把學校的教育特色連結於宣教師對台灣的認同、基督教濟世愛人的精神，以及宇宙源於創造的理念，強調長榮大學是：台灣的、基督教的、永續的大學，這三個主軸特色。

長榮大學是擁有「台灣特色」的大學，除了上面提及的宣教師以及基督教會對台灣的認同外，長榮還擁有全台灣大學中唯一的「台灣研究所」，通識教育中要求所有學生要對台灣史有所認識，校內師生協力營造認同這片土地與人民的情懷。台灣學導論這門課程就是在這樣的氛圍下，由十位屬於不同院系所的老師一起開授的課程。做爲基督教特色的大學，長榮期盼透過校園的藝術營造，以牧羊人的精神（不放棄任何一隻羊）、洗腳禮的行動（謙卑服事的胸懷），以及焚而不毀的毅力（堅忍達成使命），將基督教信仰的價值轉化爲教育的理念與行動，透過課程教導、身體力行以及潛移默化來完成基督教辦學的宏願。另外，基於創造的信仰與委身，長大也關注永續的議題，特別是人與自然生態環境的關係之反思與實踐。我們相信這些價值不只是基督教的，也是普世的共同價值，透過宗教信仰的詮釋落實在大學教育的實施過程。

本書《台灣學入門》的出版，是同仁經過一年多的協同教學、研討改進，決定將授課內容文字化，做爲未來這個課程提供同學可參考的教科書。感謝所有同仁的努力與合作，也謝謝葉海煙老師的奔走聯絡，以及五南出版社的慨允出版。相信本書的出版對未來長榮大學繼續營造一個深具台灣特性的高等教育學府，具有深刻的意義及幫助，也讓學生在學習上更能得心應手。

黃伯和
長榮大學神學系教授兼副校長
2010年10月28日

主編序

眾所皆知，近數十年來台灣政治的民主化進程，全面啓動了台灣人的精神自覺、心靈改造與思想之解放，於是「台灣學」出現了前所未有的蓬勃氣象；而在「台灣研究」（Taiwan Studies）蔚然成風的文化氛圍之中，學術界與教育界乃如響斯應，紛紛然現身於種種標榜「台灣主體性」的意識場域裡，於是以「台灣研究」爲導向的大學系所接連締建了多頭並進的「台灣學」學術脈絡，而這未始不是現代台灣高等教育值得大書特書的新頁。

而縱然學術界對「台灣學」的認知存在著一定程度的差異，對「台灣研究」的未來也有了不同程度的期待，但從「有容乃大」的生命廣度與人格高度看來，這數十年來的「台灣學」基本走向顯然已出現了十分可貴的公約數，而此一公約數也已然獲得高度的學術意義與理論意義。因此，在人文教育與博雅教育的基石之上，所有關心台灣未來的有志之士顯然不能不從大學的基礎教育著手，將數十年來「台灣學」的研究成果吸收轉化爲大學通識教育的實質內涵，並同時予以課程化、教材化，以便年輕的台灣之子能夠以最全面最直接也最有效的方式，獲得「台灣學」的基本知識，以涵養出健康而強壯的台灣意識與台灣精神——這不也就是2300萬人所不能或缺的公民意識與國族意識？

如今，位處南台灣綠地之上的長榮大學除了擁有全台灣唯一以「台灣」爲名的「台灣研究所」之外，還正致力於在地化的學術研究以及相關的思想文化議題的多方探索。於是在陳錦生校長與黃伯和副校長的倡導之下，組成「台灣學入門」課程的教學團隊，由黃伯和副校長擔任召集人，於一年半之前開設了「台灣學入門」的通識選修課程，立即吸引了近百位同學選修；歷經三個學期以來，筆者忝爲此一課程實際教學的協調人，更親身見證了「台灣學入門」作爲長榮大學通識課程的精采、豐富以及多元共濟的整全性，而這在國內大學院校中則應是一項成功的教育創舉。

爲了配合單一學期的教學時程，「台灣學入門」共分16個單元，由「什麼是台灣學？」開宗明義，接著是「台灣的地理」、「台灣的歷史」與「台灣的族群」三個單元，讓學生先明白自己所屬國族的基本內涵，再來是「台灣的環境」、「台灣的生態」、「台灣的經濟」與「台灣的科技」共四單元，讓學生對自己腳踩的這塊土地以及所賴以維生的生活資糧有深入的認識。其次，經由「台灣的文學」、「台灣的宗教」、「台灣的社會」與「台灣的醫療與護理」四單元，讓師生得以一起來探索台灣人的精神文明以及彌足珍貴的文化軟實力；並且同時以「台灣的政治」、「台灣的司法」、「台灣的國際關係」等單元，對台灣社會的民主法治成就以及目前艱難的國家處境，有一通盤的理解。最後，則以「台灣人的精神及其價值觀」總結「台灣研究」對台灣人的精神自覺、心靈改造以及主體性建構等問題，所可能提供的意義資源，有一基礎性的了解。由此看來，16個單元、16個論題、16個看似各自獨立的學門，最後總結於「台灣」這不動的心靈基石與文化場域，是理當有十足的教育意涵以及足以放眼未來的知識再造的效力。

此刻，由長榮大學的校內教學團隊，組成了撰作教材的筆耕團隊，在五南文化公司總編輯龐君豪先生的催生之下，先行推出了十個單元的教材，而整合成這本與課程同名的教科書，其實還只是初步的工作；除了有些重要的單元亟待不久的將來能夠予以補足之外，筆者更希望此一「台灣學」的課程與教材能夠由「入門」而進一步登堂入室，以展現千百年來先民經營這塊土地，以及我們與後代子孫共創這個國家的眞正的用心與眞實的理想。

在這本依然有所欠缺的入門書出版之際，筆者願以編者的立場，衷心感謝陳錦生校長與黃伯和副校長睿智的引領，同時感謝莊萬壽、鄭瑞明等教授不吝奉獻寶貴的心血結晶，感謝君豪總編輯精心的策劃，感謝盧宜穗主編用心的編集，最後更要感謝課堂助理施慧侖同學這一年半來的協助與奔走，沒有上述的因緣和合，這在長榮大學與五南文化公司雙方合作出版計畫中所誕生的第一項智慧結晶，是不可能出現在所有台灣人面前的。

葉海煙

於長榮大學哲學與宗教學系

2010.12.21

目錄

台灣的歷史／鄭瑞明 51

台灣的宗教／黃伯和 67

台灣的社會／卓春英 83

台灣學緒論

長榮大學台灣研究所　莊萬壽

本文分上下兩篇，上篇「台灣學概說」，綱要式的簡說「台灣學」一詞的由來、定義、內容結構與理論基礎。下篇「台灣學與大學教育」，由於台灣學是學術研究，及其推廣是以大學中的台灣學門做基礎，因此在大學經營台灣學，是台灣學前進的不二法門，下篇較深入論述台灣學的理論與策略，是上篇的補充教材。

台灣學概說

一、關於「台灣學」一詞

「台灣學」（Taiwanology）是指以台灣做爲一個研究對象的學科，而先前或一般也泛稱「台灣研究」（Taiwan Studies）。

戰後，台灣研究的遲滯，遠不如戰前的蓬勃。台灣人民對台灣本土文化更爲疏離。後來隨民主運動的興起，族群意識的覺醒，才使本土化教育與研究，在學界逐漸的展開。

1994年，我首辦「第一屆台灣文化學術研究會議」，會後，我寫了〈紀要——對「台灣學」建立的期許〉，稱：「現在該是思考如何建立『台灣學』或『台灣研究』的時刻。」1996年我出版《台灣論》、《中國論》，李喬爲我寫序〈朝向「台灣學」〉說：「朝向台灣學的建構，是諸君子的同心大願，然而此偉大工程無跡可循，無論理論與策略，都在同志互相學習中進步、實踐中成形。」[1]「台灣學」一詞是後創的，這一、二十年來，「台灣學」的定義、內涵、理論、實踐，包括文獻學、方法學、歷史觀等等，還在初步發展中，而且「台灣學」這個名詞目前也尚未普遍化、定型化，正式成爲台灣國家學術的專名。

二、「台灣學」與區域研究

理論上，一個正常的國家，人民在自己國土上所創造的歷史、文

---

[1] 以上兩文，見莊萬壽《台灣論》，1996. p.11及p.128。

化，自然而然會有本國的學術研究，而這種研究的名稱，就如同國名一樣，不是孤立的自我命名，而是相對性的產生，如西方的中國研究，稱Sinology，即支那學，即中國學，或漢學，當然也可以指Chinese studies，即中國研究。但中國傳統學術自己沒有「中國學」、「中國研究」等這些漢字名詞，而今日欲置中國於世界學術研究之中，中國當局就必須使用「中國學」一詞。「中國學，是國家研究、也是區域研究」。

同理，「台灣學」，我們的自稱是具有台灣主體性、國家主權的「台灣學」。

但也可以是區域研究，台灣猶如馬達加斯加、斯里蘭卡一樣，都是大陸旁邊的海島，與大陸的地理、人文有其特殊性，自然也屬於區域研究。而區域研究不一定與政治有關，可大可小，「淡水河流域」或「亞洲太平洋」，甚至整個「歐洲」，都可以列入區域研究。

三、中國「台灣學」的陰謀

然而，我們要正視「台灣學」被中國政府列入國內的區域研究或地方研究，一如「圖博學」（西藏）、「東突學」（新疆）一樣的中國國內化。

日本統治台灣，既已得之，台灣研究少有政治掛帥；中國欲吞食台灣而後已，其台灣研究充滿政治目的的陰謀。

中國於60年代開始研究台灣，目的是要了解台灣，以尋求「解放台灣」之道。他們從論述鄭成功「收復台灣」開始，進而研究清朝如何用滲透鄭氏內部、瓦解民心而取得順利攻台，「完成統一」的大業，而且投入龐大人力、物力全方面的研究台灣文史政經，分化台灣政界、學界。2000年國民黨失去政權，中國學術官僚十分焦慮，乃將「台灣研究」提升為具有科學方法的「台灣學」，企圖要更細緻、精準、務實的來深入認識台灣，有效的對付及併吞台灣。中國對「台灣學」的定位是：

「台灣學是中國學的一個組成部分，是中國學的分支。」[2]

中國的「台灣學」以「中國社會科學院台灣研究所」爲中心，其下各種組織繁多，他們的研究是中國政府對台統戰策略方法的重要依據。

四、咱要用「台灣學」的理由

上述咱台灣對「台灣學」一詞，並未完全定論，而中國已乘虛而入，使用「台灣學」，我們認爲這三個漢字，有學門的獨立性與專業性的作用，尤其台灣有以下兩個，我們絕對要用「台灣學」——

（一）台灣人在歷史上生活歷程的痕跡，包括先人生活的史事、史蹟、文物，被虐殺、凌辱的史料，不斷的被更迭的統治者剷除湮滅，今日殘存的台灣歷史、文化，又是經由最後統治政權——中國國民黨的剪接、僞造，台灣人缺乏祖先遺留下來的集體記憶與文化傳承，多不熟稔自己美麗島的山河大地、語言文化。因此我們必須從時、空的縱、橫向重新去豐富、連綴台灣的史料文獻，全力投入屬於自己的人文、社會學科的學術研究，這是咱要建立「台灣學」的第一個因素。

（二）台灣過去都是外來統治政權的邊陲，即使沒有中國領土的蔣氏流亡政權，仍然視台灣爲所謂「中華民國」之一省。台灣人民的歷史文化從來沒有台灣的主體性，沒有自己的詮釋權。我們要建立「台灣學」，便是在台灣人掌握自己的命運，主導自己的歷史文化之條件下，逐步完成以

[2] 陳孔立。《台灣學導論》。博揚。2004。p.35。

台灣爲一個主權獨立的國家之學術研究。具體的說：「台灣學」或「台灣研究」，是要擺脫「中國學」中的「區域研究」或中國的地方研究，而使之與「中國學」並駕齊驅，這是咱要建立「台灣學」的第二個因素。

五、台灣學釋義

（一）「台灣學」是指：台灣住民自古迄今，在台灣土地上生活中累積的文化特色，而構成一套具有國家主體性的學術研究體系；並成爲國內學術發展的基礎，與國際學術研究的對象。

（二）一個國家都有主體性的本土學術研究，目前台灣學已趨向成熟，但尚未完備與獨立。因爲台灣還不是主權完整的完全國家，尙待咱全台灣人與學術教育界的打拼。

六、台灣學的功能

（一）促進台灣本土文化諸學科研究具有台灣主體性，並能持續成長與深廣化，可與「中國學」、「日本學」……並立。

（二）強化台灣人的國民意識及對本土文化的認識、認同、想愛。

（三）促使國際人士與學術界對台灣的重視，投入台灣學研究，讓台灣學（亦稱台灣研究）成爲國際學術的重要領域。

七、台灣學內容分類與結構

學術門類有由下而上、再由上而下，相互影響的學科結構，一般減分爲上層結構與下層結構，但由於現代學科的精細化，我分爲三層：下層，是自然環境與經濟的條件，做爲物質基礎。其上爲中層的各社會學科，它可以形成社會制度。再上層爲人文學科，屬意識形態（ideology），是人擁有理念、觀念的思想系統，抽象而非具象，它可主動性的支持中層結構與下層結構，但不可能改變自然本質。台灣學是以人文學科爲核心。

（一）核心的台灣學——人文學科：哲學、民族學、歷史、文學、語言、藝術、宗教。

（二）廣義的台灣學分成：1.人文學科（如上）；2.社會學科：政治、社會、法學、經濟；3.自然科技：地理、生態、環保、科技、產業。

（三）台灣學的結構圖

上下層建築相互影響，上層建築具有主動性。

<table>
<tr><td>哲學　民族學　宗教　藝術　語言　文學　歷史學</td><td>意識型態</td><td>上層
人文學科</td></tr>
<tr><td>政治、社會、法律、經濟、軍事</td><td>社會制度</td><td>中層
社會學科</td></tr>
<tr><td>產業、科技、環保</td><td>經濟基礎</td><td rowspan="2">下層
科技與自然</td></tr>
<tr><td>自然地理、生態</td><td>自然生態</td></tr>
</table>

八、台灣學背景——台灣人被殖民而喪失自我的歷程

（一）台灣人（19世紀前上溯至約17000年前）是誰？

1.南島語民族

①高山原住民

②平埔族——被Holo客家同化

2.東亞大陸古越族各族——被中原華夏族而征服漢化

①Holo（閩南、鶴佬、福佬）
客家 ］遷移到臺灣與平埔族通婚

②平埔族被同化，今日台灣人85%人口有南島民族血統

〈台灣南島語言分布圖〉請見圖1。

（二）台灣人的語言文化之創傷

自1662年起，台灣西部平埔族開始漢化，至1895日本臨台時，傳統語言、文化已被消滅殆盡，而全面被中原漢字文化的Holo、客家所同化；之後經51年日本統治，幸未傷到本土語言文化的根本。1945年中國國民黨來台，迅速的以北京話摧毀了Holo、客家及原住民的語言、文化，是20世紀殖民統治所僅見。如表1世界語族簡表和圖2平埔族文化流失示意圖。

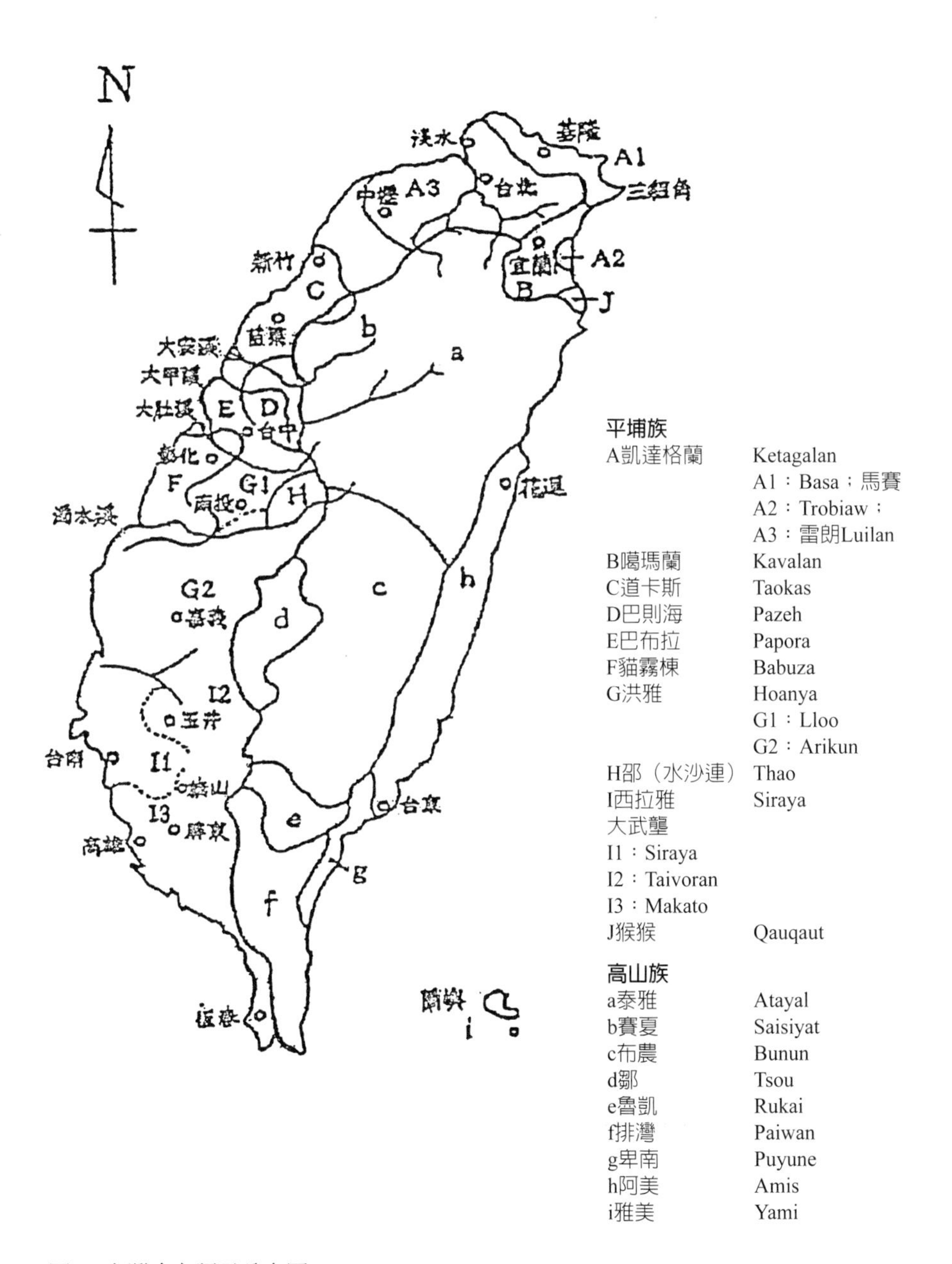

圖1　台灣南島語言分布圖

資料來源：李壬癸《台灣平埔族的歷史與互動》，（台北：常民文化出版社，1997年），頁35。

表1　世界語族簡表　　莊萬壽編

世界民族語言簡介			
語系（family）	語族（group）	語支（branch）	語言（languages）
漢藏語系	藏緬	藏	藏、門巴
		緬甸	緬甸、阿昌
		彝（羌、濮）	彝、傈僳、納西
		景頗	在緬甸稱「克欽」
	漢	閩、粵、客、贛、吳、湘、京	
	苗瑤	苗	
		瑤	
	壯侗	侗	侗、水
		壯、傣	壯〈僮〉、泰、老撾、撣
		黎	黎（按古越族主要屬「壯侗」語族）
印歐語系	日耳曼	西支	英、德、荷蘭、盧森堡
		北支	瑞典、丹麥、冰島、挪威
		東支	哥特
	羅曼（拉丁）	西支	拉丁、法、義大利、西班牙、葡萄牙
		東支	羅馬尼亞、摩爾達維亞
	凱爾特	北支	愛爾蘭、蘇格蘭
		南支	威爾士
		東支	俄、烏克蘭、白俄
	斯拉夫	西支	捷克、波蘭、斯洛伐克
		南支	塞爾維亞、克羅西亞、馬其頓、保加利亞
	印度－伊朗	東（印度）	
		西支（伊朗）	
	希臘		
	阿爾巴尼亞		
高加索語系			
阿爾泰語系	突厥		土耳其（高加索、中亞各國）
	蒙古		
	滿－通古斯		滿、赫伯
南亞語系	孟－高棉		越南、高棉、中國佤語
南島	印尼		馬來、印尼、台灣原住民
	密克羅西亞		
	波利尼西亞		毛利人、夏威夷、台灣原住民
阿非羅－亞細亞	閃		阿拉伯、希伯來

按：

1.中國官方的分類與世界不同。

「漢語族」下所分皆稱「方言」，其實皆為語支（branch）。

2.閩客等語支其下仍有各種語言（languages）。

3.可知閩、客、北京語之間的距離比英語與德語來得遠。

4.中國所謂的漢語「方言」多為古代古越族諸族，受中原統治的古漢語影響而形成的。

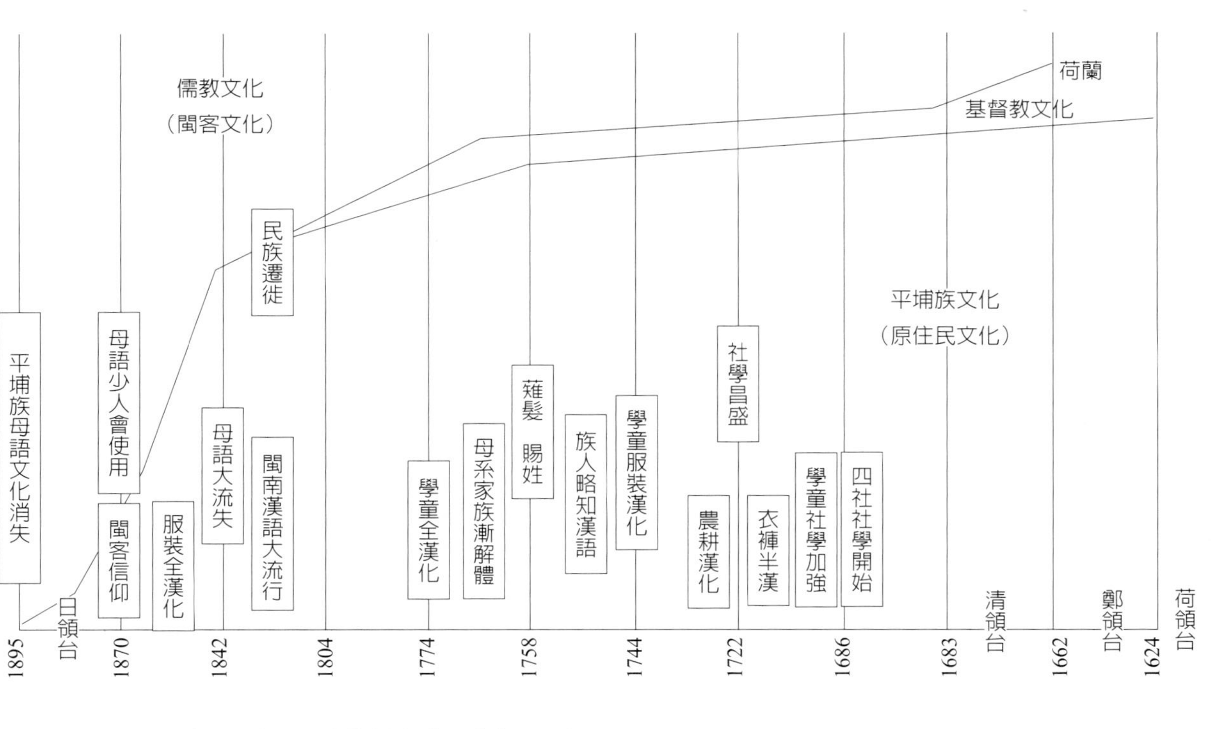

圖2　平埔族文化流失示意圖（各族儒化時間略有不同）

九、台灣學的成長——從紀錄到研究

（一）滿清時期，由知府蔣毓英開始編《台灣府志》，至清末有《府志》、《縣志》、《采訪冊》二、三十種，以及文人見聞紀錄、官方的檔案、西方文獻，為19世紀前台灣的文獻紀錄，如表2。日本時代日本學者（如伊能嘉矩）開始對台灣現代的人類學研究，以及官方的現代統治經營所積累的文獻，初步有「日本殖民地台灣學」的形成。

（二）戰後中國國民黨的高壓統治，台灣人不知台灣歷史、地理，至1987年解嚴後，台灣民主運動促使本土文化教育的覺醒。1997年開始在國中教「認識台灣」，爾後中央研究院籌設「台灣史研究所」。

（三）台灣諸大學台灣人文學科的設置，1995年以眞理大學「台灣文學系」為嚆矢。2000年政黨輪替後，成功大學在三年內先後成立由大學部至碩、博士班完整的學系，成為台灣學科系所起步前進的指標。2005年長榮大學成立「台灣研究所」，是南部第一所綜合型的台灣研究所。從1997年起到2008年底止，大約成立有30個與台灣有關的系所，包括：文學、語言、文化、歷史、客家、原住民，以及族群、民族等領域，初步形成一個台灣研究的網絡。其中除中央、交通兩大學的「客家學院」有若干旁涉政經、科技的研究所外，整體而言，主要還是著重人文學科。

（四）1994年台灣師大開始推動「台灣學」於國際學界，舉辦盛大的〈第一屆台灣本土文化國際會議〉，筆者與若干學者開始使用「台灣學」一詞，至2005年師大與長榮大學合辦第四屆，至2009年辦第六屆，已蔚為國際的盛會。再加上各校的努力，學術界已初步形成一壯大的「台灣學」。

表2 台灣清治行政區沿革與方志關係表 莊萬壽編

行政區劃	內容	年代	時期
一府二縣	東都承天府	永曆15年 1661年	鄭氏時期
	萬年縣（南） 天興縣（北）		
一府二州	東寧承天府	永曆18年 1664年	
	萬年州（南） 天興州（北）		
一府三縣	隸福建省之一部：《初修大清一統志台灣府》蔣廷錫，康25（1686）。《古今圖書集成・輿地彙編・職方典・台灣府部》陳夢雷，康40-45（1701-1706）。《福建通志・台灣府》金鋐，康23（1684）。	康熙23年 1684年	清代
	台灣府：《台灣府志》蔣毓英，康24（1685）。《台灣府志》高拱乾，康35（1696）。《重修台灣府志》周元文，康49（1710）。		
	台灣縣：《台灣縣志》王禮，康59（1720）。 鳳山縣：《鳳山縣志》李丕煜，康58（1719）。 諸羅縣：《諸羅縣志》康55。		
一府四縣二廳	隸福建省之一部：《續修大清一統志。台灣府》和珅，乾29（1764）。《福建通志・台灣府》郝玉麟，乾2（1737）。《福建續志・台灣府》楊廷璋，乾33（1768）。	雍正元年 1723年	
	台灣府：《重修台灣府志》劉良璧，乾7（1742）。《重修台灣府志》67，乾12（1747）。《續修台灣府志》佘文儀，乾27（1762）。		
	台灣縣：《重修台灣縣志》魯鼎梅，乾17（1752）。《統修台灣縣志》嘉12。（1807） 澎湖縣：《澎湖紀略》乾16（1771）。 鳳山縣：《重修鳳山縣志》王瑛，乾29（1764）。 諸羅縣：《諸羅縣志》周鍾瑄，雍2（1724）。 彰化縣 淡水廳		
一府四縣三廳	隸福建省之一部：《重修大清一統志・台灣府》穆彰阿，嘉16（1811）。《重纂福建通志・台灣府》孫爾準，道9（1829）。	嘉慶14年 1809年	
	台灣府：《台灣采訪冊》陳國瑛，道9（1829）。		
	台灣縣：《續修台灣縣志》薛志亮，嘉12（1807）。 澎湖縣：《澎湖續編》蔣鏞道12（1832）。 鳳山縣 嘉義縣 彰化縣：《彰化縣志》周璽，道15（1835）。 淡水廳：《淡水廳志》李嗣業，道光年間。《淡水廳志》陳培桂，同10（1871）。 噶瑪蘭廳：《台灣府噶瑪蘭廳志》薩廉，道12（1832）。《噶瑪蘭志略》柯培元，道15-17（1835-1837）。《台灣府噶瑪蘭廳志》薩廉，道20（1840）。《台灣府噶瑪蘭廳志》薩廉，咸2（1852）。		

朝代	年代	建制	隸屬	府	縣廳	方志
清代	光緒元年 1875年	二府八縣四廳	隸福建省之一部	台北府	宜蘭縣	
					基隆廳	
					新竹縣	
					淡水縣	
				台灣府	彰化縣	
					埔里社廳	
					嘉義縣	
					鳳山縣	
					恆春縣	
					澎湖廳	《澎湖廳志》蔡麟祥，光4-10（1878-1884）。
					台灣縣	
					卑南廳	
	光緒13年 1887年	三府十一縣四廳一直隸州	台灣省：《台灣通志稿》唐景崧，光21（1895）。	台北府	宜蘭縣	《宜蘭縣采訪冊》。
					基隆縣	《基隆縣采訪冊》。
					淡水縣	《淡水縣采訪冊》。
					南雅廳	
					新竹縣	《新竹縣采訪冊》鄭鵬雲等，光19（1893）。
				台灣府（台中市南區 橋孜）	苗栗縣	《苗栗縣志》沈茂蔭，光19（1893）。
					台灣縣	《台灣縣采訪冊》。
					彰化縣	《彰化縣采訪冊》。
					埔里社	《埔里社廳采訪冊》。
					雲林縣	《雲林縣采訪冊》倪贊元，光20（1894）。
				台南府	嘉義縣	《嘉義縣采訪冊》。
					鳳山縣	《鳳山縣采訪冊》盧德嘉，光18（1892）。
					恆春縣	《恆春縣志》陳文傑，光20（1894）。
					澎湖縣	《澎湖廳志稿》潘文鳳，光18（1892）。《澎湖廳志》林豪，光19（1893）。
					安平縣	《安平縣采訪冊》。
				台東直隸州		《台東州采訪冊》胡傳，光20（1894）。

十、台灣學的理論基礎

人與土地與台灣主體性，成爲台灣學的基礎，是其下人文、社會、自然科技諸學科所需的精神內涵。下圖爲《台灣文化論．台灣本土文化之理論建構》的圖示。

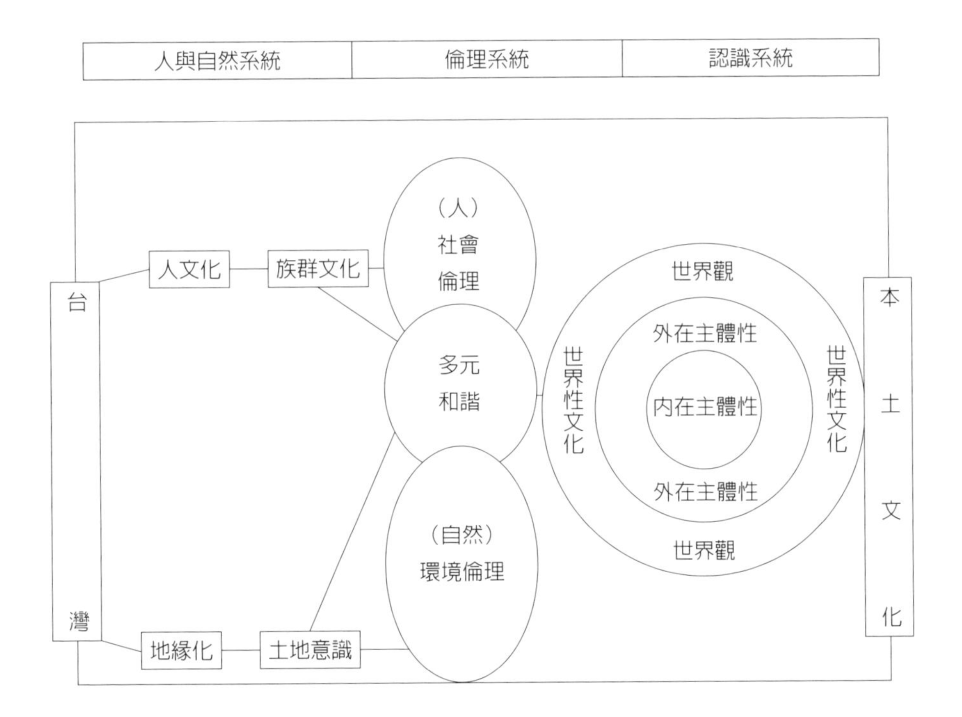

主體性（subjectivity）是指支配思維、認識、實踐的主體之本質、性質。主體是思維者、實踐者，客體是被思維、實踐的對象。

台灣主體性是以台灣爲客體世界的主體，台灣有唯一性、獨立性、排他性。台灣人以自己爲主體意識，自己能做爲自己的主人是爲內在主體性；台灣人應有台灣中心的「世界觀」，是爲外在主體性。

台灣學與大學教育

一、大學人文學科創造文化傳統與國民意識

大學是國家機器用來培養統治階級治國官僚的教育機關。國家統治者以學術研究來促進政權的穩定與發展，特別是人文學科，人文思想可以創造文化傳統、國民意識，亦即足以建構民族、建構國家。

人文學科的儒教是中國傳統文化的主要結構，兩千多年前，漢武帝劉徹設立太學，置五經博士，罷黜百家，獨尊儒術。當時太學雖不等同於今日大學，亦算是國家在中央最高的教育學術機構。從那時起，大抵奠定了歷代王朝在中原一脈相傳的儒家文化傳統：中央集權、大一統的政治思想與「親親」（別親疏）、「尊賢」（別貴賤）的倫理精神。

直至清末推行現代教育，1896年（光緒28年）成立京師大學堂。張之洞等釐訂〈大學堂章程〉：

> 立學宗旨，……均以忠孝為本，以經史之學為基，……俾學生心術壹歸於純正，而後以西學瀹其知識，練其藝能。

清廷不得不學習西方科學，以「西學爲用」，但依舊以經史的「中學爲體」。當時七個專門科，其一爲「文學科」，正是專研經史、「中學」的主體[3]。

1912年「京師大學堂」易名爲「北京大學」，將傳統的「中學」分爲中國文學、史學、哲學三系，1922年三系設綜合研究所，名曰「國學門

---

[3] 莊吉發，〈清末京師大學堂〉，《大陸雜誌》。41卷2期，1971年。

研究所」；1924年東南大學設「國學院」，1925年清華大學成立同時設「國學研究院」。傳統的經史等古典學術成為「國學」——國家學，在清王朝覆亡之後，又成為中華民國的廊廟之學[4]。「國學」一詞，隨蔣介石而到達台灣，成了「中華文化」的聖名，成了文史教育的源頭價值。

半世紀以來的政治高壓下，在各級學校厲行封建的儒化教育、民族主義精神的黨化教育，與北京話的國語教育，相當成功的改造了一個社會的認同、語言、文化，堪稱是人類歷史的奇蹟。其中重要的關鍵是國民黨政府設置培養大學師資的中（國）文研究所，掌握語文教育源頭的師資、課程與方向。然後一條鞭的從大學到小學，無遠弗屆，台灣終於被創造一個原不屬於自己的文化傳統[5]。

台灣原為南島民族之地，後來HOLO、客家雖來自儒教的唐山，而對唐山有孺慕之情，這是文化情結，而現代國家認同則有所不同。

回顧日本治台時代，台灣人必讀的日本「國史」，自17世紀德川幕府江戶時代起，孔教儒學，是幕府文治政治的核心價值，「昌平黌」則是幕府儒學教育的中心。至明治維新，受傳統儒教的政治人物起了相當的作用。1877年「東京大學」成立，在「大日本帝國憲法」發布（*1889*）前的1886年，東大改名為「帝國大學」，宣示日本帝國政府的意志與方向。1897年又稱為「東京帝國大學」[6]。東大初成立有「和漢文學科」，

[4] 按「國學」一詞，是清末守舊派的著名漢學者章太炎、劉師培等倡用。北大首創「國學門研究所」的教授，多為章太炎門生。

[5] 按2、30年代文史漢學者人才輩出，不少北大、清華教授還是學貫東西，能跨出舊漢學的藩籬，甚至能引導自由開放的思潮。蔣介石北伐，收編東南大學，改名中央大學，一度自任為校長。1949年蔣氏渡台，著名的漢學者絕大多數皆留在中國。具有學界背景的忠貞黨官，接管台灣文史學系的主任或教授。1956年，台大、師院（大），開始設中（國）文研究所，是培養大學師資之始。兩校都受北大國學研究所影響。師大出自於章太炎、黃侃一系。其後國民黨黨校——中央幹部學校在台灣復校，是為政治大學，其中文所，則出自於中央大學一系。台灣由台、師、政三校中文所所繁衍的泛中文系多達44所，教師2000餘人，學生16000多。而中小學國語文教師多達30,000多人，對台灣的教育，影響至大。

[6] 中山茂，《帝國大學の誕生》。中公新書。1964，頁1-5，74-76。

將中國與日本的學術合為一科，後來分離為「漢文科」（後又稱「漢學科」）、「和文科」和「哲學科」，在東京帝大時代，1904年（明治37年）將漢學科分為「支那文學」。這些學科的調整，都是東大為配合日本需要與發展而來的。

從江戶儒學，至東京大學明確的成為外國文、哲學科的一支，彰顯了日本漢學研究的國家主體性。1902年東京帝大漢學教授服部宇之吉還應聘至清國，為京師大學堂師範館總教習，協助規劃新教育制度。1928年，東大出身的著名漢學者藤田豐八來台灣出任剛成立的台北帝國大學首任的文政學部部長，其後，又有第一流漢學者如久保天隨、神田喜一郎任台北帝大的教授[7]。日治的台灣，是古典漢詩文極活潑的社會，當時台灣漢學的研究以及漢詩文的活動，是屬於日本帝國土地上「皇民」文化的一部分，與漢文化母國中華民國是無關的。漢字使用與漢學研究，是超越國界的。

從以上可以看出國家設立大學、規劃系所，是在貫徹國家教育的目標、宗旨；國家的教育宗旨，則是執行國家的意志、總目標。台灣沒有自己的教育宗旨，「中華民國」則有一個1929年國民政府時代的〈中華民國教育宗旨〉：「根據三民主義以充實人民生活，……務期民族獨立、民權普遍、民生發展。」除三民主義的濫調外，務期「民族獨立」倒是台灣教育可以參考的一個方向。台灣尚不是一個完全的國家，以建構台灣主體性、凝聚台灣國民國家意識、完成台灣國家獨立，是台灣教育的首條宗旨。而大學中台灣人文學科系所的成立，正是教育陣線的尖兵，它對台灣主體性的建構與台灣國民意識的凝聚，將產生最大的作用。

---

[7] 江上波夫，《東洋學の系譜》第2集。大修館。1994，頁29、95-98。

二、台灣學的核心學科

人文學科（門），是台灣學（研究）的核心結構，台灣人民心靈的重建、意志和發皇，人文學科是基本的能量。它是關係人類記憶、思維、認同、美感，以自我實現的知識，也是台灣人尋找自己、發現自己的重要條件。

19世紀末，台灣被日本統治，開始現代的殖民地教育，中國國民黨繼之，又半世紀，台灣人始終無從認識自己的台灣——台灣人、台灣地與台灣史。國民黨教育是爲改造台灣人爲中國人而存在的，大學人文學科教育是在塑造對中原傳統文化的信仰圖騰。直至民主化革改，1997年才開始在初中教「認識台灣」，開始在大學設本土學科。

台灣諸大學台灣人文學科的設置，以眞理大學「台灣文學系」爲嚆矢，2000年政黨輪替後，成功大學在三年內先後成立由大學部至碩、博士班完整的學系，成爲台灣學科系所起步前進的指標。

從1997年起到2004年底止，大約成立有25或26個與台灣有關的系所，包括：文學、語言、文化、歷史、客家、原住民以及族群、民族等等領域[8]，初步形成一個台灣學的網絡。其中中央、交通兩大學的「客家學院」有若干旁涉政經、科技的研究所外，整體而言，主要還是著重耕耘人文的園地。

這些人文學科的關係、位置，必須以台灣土地上與人民生活相關的人文活動爲主軸，擴大人文學科的領域，不能只看新的系所，事實上具有本土色彩的相近系所，早在1997年之前就存在了，如東華大學的族群關係研究所（*1995*），而更早如日本時代台北帝大到延續戰後台大的人類學系所（*1945*）。另外，藝術也是人文學科中很重要的一個領域，廣義的「藝

[8] 依教育部〈台灣研究本土教育相關系所〉表資料，2004年。

術」包括美術、工藝、建築、音樂，甚至可以跨到文學。而大學研究所中的美術史、工藝史、古蹟文物、建築史、音樂史、民歌等研究，必然與台灣研究不可分割。此外，近年紛紛成立的宗教研究所，其中佛教史、道教史、民間信仰是台灣人的思維與信仰。所有的人文學術，除非要切掉近代、當代、忘卻自我、土地，否則必然要了解台灣、研究台灣。現有有關人類學（尤其是文化人類學）、地理（人文地理）、藝術、宗教學科的研究所，不論其是否有台灣的主體性[9]、台灣的認同，皆應該放進台灣研究人文學科之內，並使之羽翼台灣研究的生長。

以下以圖示台灣研究人文學科的九個學科，各科的位置彼此有些關聯性，但不是絕對的，亦非一學科只與左右有關係。其中文化有不同範圍，所有人文（甚至社會）學科皆爲文化，是最廣義的，放在中間圓圈內。其次是若干人文學科的整合，或強調區域文化、鄉土文化、人文思想、文化史，或偏重文化模式、理論的文化學、文化哲學，以一個圓圈代表。

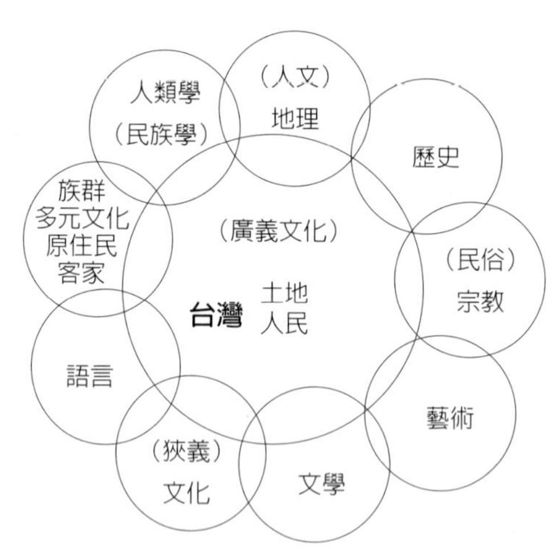

圖3　大學台灣人文學科領域示意圖

[9] 如台北藝術大學「美術史研究所」的宗旨：「以中國傳統文化精神爲根基。」

三、台灣的結構及其統整

台灣是一個極多樣性的自然生態系統，亦是一個極多元的人文生態系統。多元的族群與更迭的政權，幾乎常撕裂台灣。然而台灣是四周皆海洋的海島，有固定空間，歷史上沒有一個在地的族群能住在台灣，且又能連接一個非台灣的土地上，亦即所有的族群，不論如何都必須屈服於這個海島，認同台灣是唯一的、獨立的、你我安身立命的空間。

同一自然地理的空間，時間軸線的延長，各族群有各自不同的人文思維，因經濟開展、人口流動而有共同命運感，雖外來者不斷，但人文與社會的交互，周而復始。從辯證發展中，台灣不斷歷練、成長。台灣在短短近十餘年間，由一個威權的社會，一躍爲全球「第一級」公民自由（Civil liberty）的國家[10]：這是民主運動、政治改革的逐漸成熟使然。台灣由政治、法制、經濟的力量，領先帶動台灣的前進，包含研究經濟活動、社會制度、組織管理的社會學科與人文學科產生密切的互動關係。社會學科是人文學科的下層結構，兩者等量齊觀，難以切割。尤其社會越來越多元，分工越來越細，亦模糊人文與社會的分野，使統整（integration）成爲世界的潮流。

就學術與教育的立場看，社會是整體的，雖可以分割爲各個單一的事物，但單一事物又是多面向重新組合，從微觀而宏觀是必須的發展之路。因此，將台灣研究拘限在上述的人文學科是不妥當的，它不僅要涵蓋社會學科，甚至可以涉及創造台灣奇蹟的科技文化。

年鑑學派的整體史（histoire totale）觀點超越學科的窠臼，將歷史與社會、經濟環境結合，擴大歷史事實探討的視野與深度。而美國國會「國

---

[10] 美國自由之家（Freedom house）評2004年世界各國自由度，台灣在「公民自由（Civil liberty）」爲第一級。最差爲第7級。見2004年2月22日台灣各報。

家贊助基金」所稱的人文學科，是兼有現代與古典語言、語言學、文學、歷史學、哲學、考古學、法學、藝術以運用人文主義方法的社會科學。

人文與社會學科的統整，在台灣國民教育「九年一貫課程綱要」便強調語文與社會統整的理念。從體大而分細的現代科技來看，這兩個學科有相當的同質性，中央研究院的分組，即「人文與社會科學組」，若干大學如清華亦有「人文社會學院」。

從現代社會思潮來看，台灣不是一個完全的國家，自己要建構自己主體性的系統性學術，除內外政治的彈壓外，特別要面對全球化的嚴竣挑戰；進入21世紀所產生的新事物、新思潮、新學術，就必須去迎接[11]。台灣的主體性不是只建立在昨日之前的政治史、文學史……之上，而是必須接納吸收當代的、未來的多元新文化，否則在當代的未來的社會，沒有台灣主體性的發言權。

近幾年由「外語」、「外文」界推動成立的一些研究所，頗值得重視，科際整合性（interdisciplinary）的學科，如交通大學的「語言與文化」、「社會與文化」、「新興文化」（Emergent Cultural）等研究所，以及輔仁大學的「比較文學研究所」，在各有專司的特色中，表現不同學科之間，包括人文與社會之間，以及本土與世界（包括中國）之間，我們期待這是朝向「在地全球化」（Globalization）之路前進的。上述中央、交大的客家學院的研究所自然要規劃朝向現代化的統整，而不僅僅是職場的需要而已。

[11] 莊萬壽，〈全球化的挑戰與台灣文化精神的建構〉，《人文社會》。台灣心會，2004年1月，頁203-205。

四、台灣學的理論基礎——台灣主體性的建構

台灣主體性是台灣政治、經濟、社會、教育、學術等領域的生命，大學設置台灣研究的系所，固然是在開拓本土教育的空間，充實本土學術的內涵，但若缺乏台灣主體性，台灣研究的系所就毫無存在的意義[12]。上文所陳述的建構文化傳統與國民意識，將成爲鏡花水月，空中樓閣。

台灣師大，最早在大學校園推展本土文化與學術活動，1994年「第一屆台灣文化國際學術研討會」開始「台灣主體性」的論述，李喬：

> 台灣主體性（Taiwan Subjectivity），客觀言之，台灣是一個獨立個體；主觀言之，是確認台灣有特殊性信仰與價值觀[13]。

筆者亦提出「內外主體性」的理論：

> 台灣它既是內在思維的主體，也是外在認識的主體。不幸，台灣是附屬於強權的邊陲，……內在思維與外在認識，皆是蒙昧的狀態。[14]

隨民主運動、政黨輪政之後，「台灣主體性」已露出曙光，隱微成形，本土教育運動必須徹底堅持主體性的理念。「台灣主體性教育，就是以台灣土地與住民所結合而成的文化，做爲台灣教育的形式與內容，而台灣就是思維與認識的主體。」[15]簡單的說：台灣是國家教育的唯一主體。

---

[12] 教育部杜正勝部長2004年8月宣布將「台灣主體性」列爲四大教育實施綱領中。

[13] 李喬。〈「台灣主體性」的追尋〉，《第一屆台灣本土文化國際學術研究會論文集》。台師大人文中心。1995年4月，頁667。

[14] 莊萬壽。〈台灣本土文化之理論建構〉《第一屆台灣本土文化國際學術研究會論文集》。台師大人文中心。1995年4月，頁657。

[15] 莊萬壽，〈台灣本土化的教育改革〉，《台灣文化論》。玉山社。2004年11月，頁118。

在台灣學的研究與教育上，必須以「台灣主體性」來檢驗：台灣學門、大學系所、位置、內涵。

台灣之名，早已為國際所通稱，我們常強調台灣是一個主權獨立國家的事實，但就國內的現實看，並不單純。從兩方面說：

其一，台灣研究、台灣學的範疇很模糊，中央研究院（Academia Sinica）是全國最高的研究機構，「人文與社會科學組」除「台灣史研究所」一所外，尚有八個所[16]。當然，就學科專業立場是要「放眼天下」，但中研院是台灣人稅金所辦的，任何角度看，都要「立足台灣」，既然已掛名「台灣」，理所當然要研究台灣自己，或要以台灣發展的需要為起點。中研院的人社諸所，恐怕大半都缺乏台灣主體性的整體概念，諸所之間有關本土研究，是否有系統性能形成本土學研究的範疇與結構，仍值得商榷。中研院，是外來的，若干人文學者的心中，恐怕少有台灣的存在，遑論要建立台灣學。

其次談學門獨立的問題。時至今日，國家並沒有用「台灣學」或類似之名做官方正式名稱。國家的圖書分類，也沒有以台灣為主體，政府或民間法人尚沒有一個可以統攝全國研究台灣人文社會的諸文教機關團體的單位。中央研究院，本無異於「中國科學院」（所以在戰前所設的研究所，如史語所，當然不必加中國），台灣研究並沒有類似「漢學研究中心」及其《漢學研究》的組織與刊物。《漢學研究》英文稱Chinese Studies，其實就是「中國研究」，所有大學台灣人文系所全被併吞其中。國科會「人文與社會科學」領域，約有十五個學門，沒有「台灣」，卻有「中國文學」、「外國文學」兩門有關「國家」之別的學門，各學門大多有傳統的主流領域，研究台灣的易淪入支流。研究台灣者日多，而文學甚至已無國

[16] 《中華民國科學技術年鑑》，〈第六章，人文與社會科學〉。2002年・nsc.gov.tw/pub/yearbook。

界；國科會沒有本土觀，也缺世界觀。

台灣研究學門的產生，固然開拓本土研究的園地，亦不免劃地自限。如中研院「台史所」成立，原有「史語所」依舊是上古中國史，不必多論，但「近史所」、「社科所」的台灣史研究是否會名正言順的要被清門戶，而大學成立台史所，則原來稱「歷史系（所）」，邏輯上要成爲「非台史的歷史系（所）」。台文系（所）多由「中（國）文系」教師籌設，雖台、中名稱有別，但會不會影響學生較多的歷史、中文系內更不開台灣歷史、文學的科目呢？此外，還有新成立的「台灣文學所」，依舊依附在傳統中文教育的「語文教育系」之下，「台灣文學」如何有主體性？[17]

台灣學術教育機關系所正因爲不能像正常的民主國家本土化，才要另設以台灣爲名、爲內涵的系所，但原有龐大的人文系所不能順勢而更加「異化」，應配合台灣系所而發展。台灣若干具有鄉土、基層社會特質的大學研究所如「民間文學」或「宗教」的研究所，所開課程，居然與台灣沒有什麼關聯，甚至有的連一門台灣的課也未之見[18]，寧非怪事？

五、台灣史觀、方法論、文獻學的建立

台灣已經設立自己台灣學門的大學系所，也招收數百名學生了，我們也該有一套台灣的價值體系引導新系所的前進。

從前大學沒有本土系所，甚至也完全沒有台灣文史的科目，有見識的

[17] 台北師範學院「語文教育學系暨台灣文學研究所」。見《漢學研究通訊》，2004年11月，頁85。

[18] 花蓮師院「民間文學研究所」93學年第1學期共開11門科目，沒有與台灣相關的，見《漢學研究通訊》，2004年11月，頁79。

文史教師常內心不平的在各自的課堂，以自我設限的尺度指桑罵槐，以表達自己的理念，啓發學生。今日已有自己的系所、課程，是否能共識出一個對台灣歷史文化發展的價值觀？尤其，能否轉移、取代深根柢固的舊價值呢？

蔣介石政府並沒有接受中國五四以來的新思維，而是空以左派的三民主義之名，繼承歷代王朝、軍閥的傳統保守思想，來教育台灣人民要認同「博大精深」的中華文化。他與孫文的三民主義，是繼承周公、孔孟的儒家聖人道統而來。雖然蔣中正曾被中國共產黨以唯物辯證史觀與階級鬥爭鬥垮掉，但這一套「道統觀」在台灣還是很受用。長期受殖民統治的台灣人，過去就被這套價值所馴服，然而在激烈民主化的歷程中，這一套封建的政治神話已逐漸冰釋瓦解。

台灣必須有自己的史觀（A view of history）。史觀，即是歷史觀，但不是只指歷史學的觀點、立場，所有人類活動：政治、經濟活動，以至於文學、藝術表現的時間積累，都是歷史，或也說是廣義的文化史觀，是各學科的史觀；當然，我們必須有主體性，才能有台灣史觀的建構。如果台灣沒有主體性，那就跳不出中國史觀。史觀是對諸學科現象發展的態度、詮釋，如果要較深層結構的探討，傾向思想、精神、觀念史的歸納，或許可以接受科靈伍（R. G. Collingwood）泛思想史的立場。然而台灣史觀不是任何人可以一言而定之的。

從本質、結構進入，本體論的唯心、唯物，或心物二元論的呈現，常會有歷史二分法，戰後的中國文革時期對歷史學、哲學的二分法，嚴重地給唯心者戴帽子。然而對台灣30年代左右翼社會運動，如後期文協與地方自治聯盟的對立分析，也是不能逃避的，顯然台灣不宜，也沒有條件陷入預設的強烈階級意識爭辯之中。同樣，還有歷史分期，包括經濟史、政治史、社會史、文化史、文學史……分期的問題，和歷史發展規律的問題，難免有歧見，或心物之別，但總要面對這兩種重要的議題，加以論述。

還有時間、空間，以及兩者相互關係的發展現象，民族主義、國家主義強烈的中國要延長時間、空間，但漫漫的數千年，誰是「中國」？「中國」在哪一點呢？台灣要追溯歷史，是東寧時代？或更早的史前史，必須有合理的方法學詮釋。

批判是史觀，也是方法。台灣主體性是基準，沒有錯，但「台灣」在尚未一體的時代呢？嚴格說，在日本人於1915年征服南北原住民前，台灣並無一體性，我們可以把無知的海島土地視為一體，但人的主體歸屬於誰呢？原住民各族、閩客，我們是可以稱為「多元的主體」，但事實上當時「台灣主體性」尚未呈現[19]。

當然，台灣歷史的前進、反抗與相互更迭，從清朝至日治、國民黨時代，反抗都是功敗垂成，而馴服者不惜出賣同胞以求榮華富貴，有的更可以百年不衰；但反抗才是台灣精神，李喬稱之為「反抗哲學」[20]。我們不是共產主義者，但史觀必須站在人民這一邊。時髦的後現代、後殖民的詮釋，這原是針對西方資本主義霸權而發的，台灣要走的是「去中國中心化」。

史觀的建立很複雜，但必須從速論述，包括精神史、思想史、海洋思想史的論述，台灣都是空白。史觀涉及史料，史料的選擇、敘述、解讀、批判，以至於讀者的理解。在專業領域，如文學、史學、哲學……都有自己的方法，但台灣的特殊性，必須建立台灣研究各學科的方法學、教學方法，這都是艱鉅的大工程。

此外，文獻的蒐集、整理、公布，台灣已有相當的進展，中央研究院有相當成績，但顯然不足。要建構台灣學，我們以為政府要以巨資地毯式的全面從全球盡其可能的挖掘出來，在台灣公家或被私人據為已有的史料

---

[19] 參見《台灣主體性的建構》，李永熾、李喬、莊萬壽等撰寫。允晨。2004年5月。

[20] 李喬《文化、台灣文化、新國家》9章。2001年。

更應全部公開，能細大不捐的分門別類，數位化上網或出版。

還有，現實中有許多基礎學科缺乏教材，很遺憾，連一本最重要的「台灣文化史」亦闕如[21]。在台灣研究草創的顛躓步伐中，我們的努力猶有不足。

六、台灣學門發展的策略

（一）推展主體理念，擴大文教版圖

台灣學門系所的設立，為本土學術教育之外，還為發揮台灣主體性的功能。然而台灣系所的師生數，與全國大學人文社會學科系所總和相比，可能不到1%，如何使這些龐大系所，能有現代的、台灣的理念，而有不同形式的轉型，這固然是政府、大社會之責，但亦是台灣學門系所經營者必須思考，以尋找策略的所在。

台灣所系基本上是繼續要拓增發展的。其中培養大學師資的博士班或中小教師進修班、大專教師的研究班，還有可不用政府經費、延聘退休教師的私立大學台灣學門都有待開拓。特別是人文要與社會科整合、開拓新的領域，或許有新系所成立的空間。特別是全國150所大學，開設台灣語文、文化學程，或在通識教育開設有關台灣的科目，都有很大的市場。同時台灣學門系所應積極的在校內外舉辦學術、文化活動，將推展啓蒙性的文教工作，責無旁貸擔當下來。

當然，台灣學門系所的拓增，也是有極限的，因素是學術分野有區格性，市場有局限性，現階段已出現師資的瓶頸，而且畢業生的水準與出路

[21] 按台灣各學科史如文學史、社會史、政治史、宗教史等，多有待參考史觀的論述。

亦有待考驗，這是很現實必須要面對的。

（二）職場的開拓

畢業生有出路，得意於職場，貢獻於國家，系所營經才有明確的成效。過去中小學需要大量的國語文教師，師範院校中（國）文系畢業生不愁出路。台灣人文學門系所出現是民主化的產物，卻沒有來支援國中小學母語、鄉土課程的配套措施，亦即畢業生（公立大學多爲碩士，私立大學爲學士）的出路問題，政府應鄭重的思考對策，主要是要建立「建教合作」的機制，創造有利於從事台灣本土研究者、專業者充分就業的環境。茲分兩方面說：

就公務行政面言：教育部對國中、小學各一小時的母語教育若爲定制，那應按授課時數比率正式設置「母語教師」或「鄉土文化教師」的員額，並訂定辦法，聘任台灣學門系所的畢業生；行政院各部會需要台灣文化專業的人員，考試院要設置各種有關「台灣」的「語文」或相關門類行政人員的考試。

文建會或經濟部等機關基於國家政策在大力推動文化建設、文化產業中，如社區營造、古蹟名勝、文化園區、文史館等的計畫與執行，需要相當多的台灣人文工作者，希望教育部能與相關機關共同協商，建立台灣人文專業的「建教合作」模式。同時台灣學門系所的課程亦應相當程度的配合調整，以培養有理論又有實務的人才。

（三）資源的爭取

政府經費雖然有越來越拮据之勢，但對本土教育支持的理念，台灣學門的系所仍應主動爭取辦理有關學術會議、編纂叢書辭典、文化活動等經費，機會仍然甚大。但個人認爲更應積極向民間企業募款，與他們合作，或以企業之名辦理獎學金、刊物、學術活動。台灣人文系所應鼓勵非本系所的優秀畢業生，來報碩、博士班，更應該設「學術獎」以廣招徠。

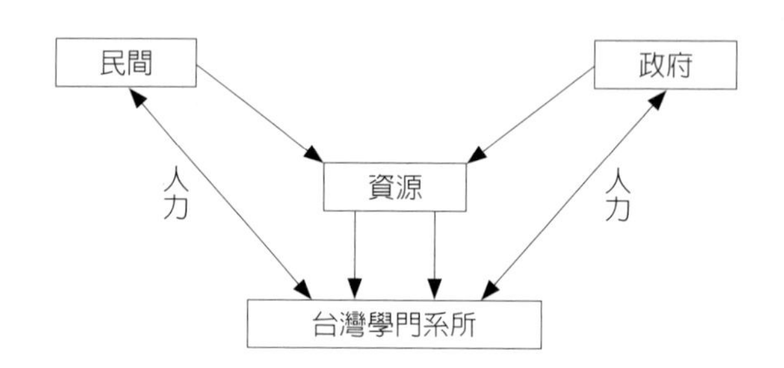

綜合言之，「台灣學」的命脈，繫乎台灣諸大學人文學門系所的發展。

就國家大學教育的功能說，任何主權獨立國家設立大學的目的，皆是貫徹國家的教育宗旨，以培養國家的菁英、完成國家的目標，尤其是人文學科，更是直接在營造國家的文化傳統與國民的意識。台灣至今尙非完全的國家，創設台灣的大學系所當然需要創造這雙重的任務。

其次，大學中的台灣研究人文諸學科，是一個全方位的領域，有彼此的專業而又要相互整合，甚至與社會科學統整，方能擴大研究領域的視野，包括能夠因應「在地全球化」的發展。

同時，絕對要有台灣主體性，並從而建立台灣學的理論、方法論學，包括教學理論與實務，目前皆大多尙是空白。

台灣自由民主思想已成爲日常生活的價值，台灣人民本土的國家認同已達九成以上，雖然中國霸權的崛起，中國國民黨的復辟，但已難阻礙台灣追求自由民主的意志。「台灣學」在全民民意的支持下，一定可以度過寒冬冰雪，開花結果。

參考文獻

1.莊萬壽。《台灣文化論》。玉山出版社。2003年11月。

2.李永熾、莊萬壽等。〈台灣主體性的建構〉。允晨出版社。2004年。

3.林媽利。《我們流著不同的血液》。前衛。2010年。

4.中央研究院。〈平埔文化資訊網〉。

5.中央研究院。〈漢籍電子文獻〉，內含《台灣文獻叢刊》及《台灣方志》。

6.國家圖書館，台灣入口網站。

7.中央圖書館台灣分館（台北縣，永和）網站。

8.長榮大學台灣所網站〈電子資料庫〉。

問題討論

1.您爲什麼要選修「台灣學入門」？

2.「台灣學」的功能是什麼？

3.「台灣學」的學科有三層結構，請大略說明。

4.請說明台灣人與平埔族的關係。

5.請解釋「南島民族」。

6.您讀「台灣學」一學期，有什麼心得？

7.您對「台灣學」中最興趣的學科是什麼？請舉證說明。

台灣的歷史

長榮大學台灣研究所　鄭瑞明

前言

個人出生於台南縣鄉下，先父務農，兼營柑仔店，雖然經濟環境不佳，卻頗能孺慕父母之親，親漬鄰里伯叔之情，飽餉鄉土之芬菲，幸福之餘，鄉土情懷亦悠然萌生。無奈隨著齒髮漸長，離鄉求學就業，尤其長期接受國民黨以中華文化爲主軸的中國式教育，兒時的鄉土情分，竟然煙消雲散而不自覺，心中只有中國，了無台灣，即便鑽研於歷史領域，仍然未能有所省悟，直到1984年，在偶然機緣下，參與「台灣史蹟源流研究會」工作及擔任《台北市志》教育志的編纂，對於台灣歷史開始有所涉獵，不料從此即深陷其中，與台灣歷史結下不解之緣。研究的課題轉爲「早期台灣海洋發展史」，平日關注的事項則以台灣政治社會的發展及其未來爲優先。孩提時期的家鄉情懷因而得以拾回，並加速增溫。

個人原執教於台北的台灣師範大學歷史系，2005年8月，獲長榮大學之聘，任教於台灣研究所，並肩負所有的行政工作。眾所周知，長榮大學的設立與規劃，乃延續台灣基督長老教會的歷史傳統與文化特色，本著英國宣教師敬神愛人、啓迪智慧、與學傳道的精神，立志謹守自由學風，恢宏創意思考，立足台灣本土，拓展國際視野，致力全人教育，肯定生命尊嚴與人格。其中有感於當前的學生，由於長期以來的教育偏差，捨近求遠，對於與自己生活息息相關的台灣歷史與本土文化漠不關心，甚至認識不清，因而導致國家意識淡薄、政治認同模糊，遂而於2005年8月成立台灣研究所，從事培育有志於台灣學研究的學生之外，亦積極規劃學校本土教育的推展，建構學生的台灣主體意識。2009年8月，增設通識教育的「台灣學入門」，委由哲學宗教學系葉海煙教授負責，召募校內外學者專家，聯合開授。個人有幸，受命負責「台灣的歷史」講次，編訂相關教材。

台灣歷史，縱貫古今，內容豐富而龐雜，如要鉅細靡遺的論述，非累牘萬卷不可，這是才疏學淺的個人不可能做到的；同樣的，要用短短數千字，將台灣歷史述說清楚，也不是個人能力所及的，但既已承諾，就非兌現不可。因此，推諉於「入門」兩字，將主題設定於台灣歷史的範疇與內涵、台灣通史著作舉隅等。至於材料與內容，幾乎均出自文中所引各專書與論文，做法上甚至幾近剽竊，深盼原作者們見諒。此外，因為本文係為修習台灣學入門的大學部同學而撰就的，所以顯得膚淺而不具學術性，亦請方家體諒。

一、大時代的物換星移：台灣歷史的範疇與內涵

什麼是歷史？如果就此問題求教於老學究，他必會搬出東、西方各史家所下的定義，包括記事、記言、紀錄、文物事件的內外在意義及其流變等長篇大論出來，不免會讓人墜入五里迷霧之中，不得其解。如依個人淺見，歷史就是故事，也就是萬物的過去。所謂萬物，意指「上窮碧落下黃泉」，舉凡曾經存在或目前仍持續存在的自然與人文的事與物，無不涵括在內。因此歷史學家多將之區分為自然歷史與人文歷史兩大類。自然歷史是指自然物的「過去／故事」，如星象史、地球史、海洋史、數學史等；而人文歷史是指以人為主體，凡是人的本身以及因「人為而衍生的有形、無形諸事與物」的「過去／故事」，並以時間為主軸，觀察其長時間的變化，如住民史、政治史、經濟史、社會史、文化史等。本文所稱的歷史，當然是鎖定於人文歷史。而所謂「台灣的歷史」，理所當然地指台灣住民之種種「過去／故事」，如台灣住民史、台灣政治史、台灣經濟史、台灣社會史、台灣文化史等。

誠如上述，台灣的歷史，浩如煙海，包羅萬象，無論是橫斷面或縱切面，均顯得錯綜而複雜，設若能夠掌握其分期與專項分類，或許可因此化

繁爲簡，在學習上得其方便，是以擬再就分期及專項分類兩者稍做討論。

先就分期來說，分期原是爲了研究的方便而採行的，如何分法？合理與否？各說各話，莫衷一是。不過一般都以政治發展的特質爲基準，而分爲原住民自主、荷西統治、鄭氏、清領、日治以及二次戰後六個時期。[1]

原住民自主時期，由史前（約3～5萬年前）至1624年荷蘭入占台灣爲止。素材都透過考古學的挖掘及文化人類學的田野調查，其內涵包括史前文化與文明的進程，以及原住民的種屬、族別、社會型態與文化等。

荷西統治時期，起迄時期爲1622（或1624）～1662年初，共計40年，這段時間先後有荷蘭及西班牙兩個西方勢力前來，分據南、北台灣，1642年，原屬西班牙勢力區的北台灣改隸荷蘭。而其重要的內涵，可有殖民統治機構、殖民統治下的原住民、漢人移民、經濟活動與發展、閩南海商勢力等項。[2]

鄭氏時期，起迄時間爲1661～1683年，共計22年，來自中國的鄭成功祖孫三代在台灣設立政權，從事統治。重要內涵包括政治方面的行政與軍事建置，以及對外關係；經濟方面的經濟政策與發展；社會文化方面的天地會組織、漢人移殖、媽祖與玄天上帝的信仰、藝文等。[3]

清治時期，起迄時期爲1683～1895年，共計212年。重要內涵包括政治方面的政策（治台政策、涉外關係、理番政策）、制度（官制與行政組織、軍隊與防務）、社會動亂（民變、分類械鬥、番亂）；經濟方面的經濟政策與制度、產業發展、商業貿易與交通（商業組織、貿易、港口研究）、土地拓殖與區域開發（土地拓殖組織、區域開發、水利）、災害和環境史；社會文化方面的文教與科技、社會組織與社會變遷、宗教家族，

---

1 施志汶，〈台灣通史教材中的分期問題〉，台師大《歷史教育》第5期，1999年12月，頁5-24。

2 林玉茹、李毓中，《戰後台灣的歷史研究，1945～2000》，台北：台大出版中心，2004，頁45-58。

3 林玉茹、李毓中，前引書，頁69-74。

以及婦女史、族群（漢人、平埔族、族群關係）、宗教信仰與社會、瘧疾醫療史、人物等。[4]

日治時期，起迄時期爲1895～1945年，共計50年。重要內涵包括政治方面的殖民統治制度（殖民體制與政策、南進政策、殖民法制、理番政策）、台灣割讓與武裝抗日（甲午戰爭與台灣割讓、武裝抗日）、政治社會運動（政治運動、農民運動）；經濟方面的經濟政策與制度、產業與資本、貿易與交通；社會文化方面的教育、社會與生活（生活改革與變遷、社會組織、家族婦女及人口、醫療衛生）等。[5]

二次戰後，亦即1945年以後，以迄於今。重要內涵包括政治方面的政策、政治事件與政治運動（二二八事件、政黨活動）；經濟方面的經濟政策與制度、產業與貿易；社會文化方面的教育、社會組織與社會變遷、文化活動與發展等。[6]

再就專項分類的歷史來說，針對龐雜歷史中的某一單項，如政治、經濟、社會、文教等，以通史方式，通古貫今，一路書寫下來，並藉該單項的轉折，分期討論，尋覓各期特色，同時綜觀其發展過程中的變與不變，當然也少不了促成變的因子之探究。茲擬依循上文即已大量引用的林玉茹、李毓中《戰後台灣的歷史與研究1945～2000》的分類法：台灣政治史、台灣經濟史、台灣社會文化史，各舉實際著作以供參考，從而對台灣各類的專題歷史有一粗略的了解。

《台灣的政治史》，作者戴寶村，出版者五南圖書公司，出版時間爲2006年11月。該書共分八章，第一章導論，揭櫫該書的撰寫原則、理念、方向及全書內容概要。第二章〈荷西殖民國家與原住民部落社會〉，

---

[4] 林玉茹、李毓中，前引書，頁75-200。

[5] 林玉茹、李毓中，前引書，頁201-288。

[6] 林玉茹、李毓中，前引書，頁289-340。

分「平埔族、原住民社會」與「荷西的殖民統治」兩節，主要敘述史前台灣原住民部落社會特徵、早期台灣的對外關係、荷蘭人占據台灣後建立的殖民體制，以及西班牙人在台灣北部的經營。第三章〈鄭氏東寧王國時代〉，分「鄭成功的抗清與入台」、「鄭經與鄭克塽的東寧王國」、「東寧王國的對外關係」三節，主要論述鄭成功的抗清與入治、鄭氏王朝的行政建制、土地制度、財政制度、文教措施以及對外關係等。第四章〈清帝國統治下的台灣〉，又分成六節，敘述清帝國對台灣的統治政策、行政區域的演變、吏治與職官制度、文教與科舉、民變的背景與抗爭形式、清政府開山撫番政策，以及當時台灣的涉外關係。第五章〈日本時代—殖民體制下的台灣〉，分成六節論述入台前日本對台灣的企圖、入台後台灣人的反抗行動、台灣總督府的統治策略，以及日治時期台灣人的政治與社會運動。第六章〈現代台灣的政治歷史變遷〉，分成四節，論述戰後初期國民政府接收後的不安、二二八事件的發生、國民黨威權體制的移入、威權體制下的民主運動、解嚴後民主化的發展，以及首次政黨輪替。第七章〈現代台灣的國際關係演變〉，又分四節，討論冷戰下台灣的國際地位與外交策略、1969～1979年的外交挫敗與退縮、1979年以後彈性外交的轉向、1988年以後務實積極的新外交。第八章〈西向未來的台灣〉，從民主化、憲政體制發展與國家認同的困境反思台灣的未來之路。[7]

《台灣經濟史概說》，作者東嘉生，譯者周憲文，出版者海峽學術出版社，再版時間2000年5月。該書係屬日治時代的作品，所以在資料、用詞、方法及觀點等方面都難免有陳舊及偏頗之失，且截至日治時期爲止；但就台灣經濟史的相關研究來看，仍爲值得參閱之作，是以膽敢以之爲例。該書分前後兩篇，後篇屬於清代經濟的專論，暫且擱置。前篇〈台

[7] 以上參閱戴寶村，《台灣政治史》，台北：五南，2006年11月，頁1-6。

灣經濟史概說〉，共分五章。第一章〈氏族共同經濟時代〉，由「台灣最早的住民」入手，進而討論當時的「生產型態」，陳述早期台灣住民的社會生活，是在屬於一血族的氏族內部進行，生產的土地為氏族共有，主要的漁獵與初期農業多採集團形式進行，這種模式進行一段相當長的時間，直到16、17世紀，因為日、中等人之發現台灣而前來之後，方才有所改變，尤其17世紀初葉，西方的荷蘭人及西班牙人的前來經營，造成「原始型經濟社會的停滯」。[8]第二章〈經濟掠奪時代1624～1662〉，先論「荷蘭人的占據台灣」，再述「掠奪時代的經濟情形」，包括農、商、貿易、租稅制度等的推動情形，因而顯現出掠奪的特質。[9]第三章〈藩鎮經濟時代1662～1683〉，先述「鄭氏占據台灣」，再論「藩鎮時代的經濟情形」，包括土地制度、產業、通商、租稅制度等。正因為鄭氏政權是一個仰賴家族官僚編織而成的統制組織，用以支配農人與商人們，所以稱之為「前期封建」應無不可。[10]第四章〈近世的封建時代1683～1895〉，先就「清朝領台其台灣拓殖」加以討論，再究「經濟生活」，以土地關係、商業與貿易、租稅制度等為主軸，說明封建領主如何獨占土地，如何向直接生產者榨取剩餘生產物等。[11]第五章〈資本主義時代1895～1945〉，共分「台灣資本主義化的基礎事業」、「台灣資本主義化過程概現」、「台灣農業的發展及其特徵」、「日本資本主義的發展與台灣經濟」、「日本南方政策的推移與台灣」五個單元，討論日治時期的台灣經濟發展與特徵，其中強調：日本入台不久，即從事土地林野調查及建立金融制度，使台灣經濟走向資本主義化，稍後，利用日本資本家的資本，開發米糖等台灣產業，進而以之為基礎，發展農產商業及農業加工業。1930年代以後，因為

[8] 以上參閱東嘉生著、周憲文譯，《台灣經濟史概說》，台北：海峽學術，2000年5月，頁3-16。
[9] 以上參閱東嘉生著、周憲文譯，前引書，頁17-29。
[10] 以上參閱東嘉生著、周憲文譯，前引書，頁31-42。
[11] 以上參閱東嘉生著、周憲文譯，前引書，頁43-66。

「準戰」及「戰時經濟體制」的採行，而由自由資本主義經濟走向統制經濟。[12]

《台灣社會文化史》，作者蔡相煇，出版者空中大學，出版時間2001年8月。全書共六章，第一章〈導論〉描述作者的撰寫動機、史料學。第二章〈居民〉，又分居民的種類與分布、原住民族、日據以前移殖漢人、光復後大陸各省移民四節，以社會的主角、文化的締造者——住民爲全書的起始。[13]第三章〈社會組織〉，分社區組織、宗族組織、商業組織、其他組織四節，討論台灣歷史中的社會組織；包括清代以降屬於社區性質的保甲組織；以宗族爲基本、宗祠爲中心所組成的宗親會；以行郊、公會爲主體的商業組織。此外，還有庶民意味濃厚的父母會、神民會等其他組織。[14]

第四章〈習俗〉，分原住民習俗與漢人習俗兩節，以歷史角度，論述台灣兩大族群在習俗上的演變，所涉及的包括家庭、生活節俗、飲食、衣飾、居處、婚嫁、生育、喪葬、器用、戲劇、歌謠等。[15]第五章〈民間信仰〉，分信仰內涵與沿革、神祇種類、信仰行爲三節，討論信仰在台灣社會中扮演的角色、寺廟與神祇的發展情況、信仰行爲的種類與變化等。[16]第六章〈社會教化〉，分官方的社教活動、民間的社教活動、日據時期的民間社教團體——台灣文化協會三節。論述台灣早年的社會教化活動，可有官民兩類，官方的如聖諭廣訓，民間的如齋教、鸞堂等所舉辦之活動等是。而日治時期台灣文化協會主辦的各項活動，更是台灣社教史中的佼佼者。[17]

---

[12] 以上參閱東嘉生著、周憲文譯，前引書，頁67-124。

[13] 蔡相煇，《台灣社會文化史》，台北：空中大學，2001年5月，頁39-76。

[14] 蔡相煇，前引書，頁77-139。

[15] 蔡相煇，前引書，頁141-194。

[16] 蔡相煇，前引書，頁195-249。

[17] 蔡相煇，前引書，頁251-317。

二、台灣歷史快覽之例：李筱峰、林呈蓉，《台灣史》

如要建構台灣歷史的整個知識體系，透過通史體裁的著作是一可取之道。目前坊間的通史作品相當不少，其評價則見仁見智，依個人淺見，兩位知名學者李筱峰與林呈蓉合著的《台灣史》（台北：華立，2003年8月）相當適合做爲台灣歷史入門的通史作品，茲謹就其內容，扼要說明於後。

全書共分十四章，計415頁（不含序、目錄）。

第一章〈台灣的舊稱及台灣名稱的由來〉，重點有二，一是認爲台灣這個名稱來自「東番的轉音」、「埋冤」及「源自平埔族的發音」；二是外界過去對台灣曾有以下多種稱呼：夷州、流求（琉球、流求、留求、小琉求等）、毗舍耶、雞籠山、北港（或笨港、魍港、蚊港）、東番、大員（大圓、台員、大灣、大窩灣）、福爾摩沙、高砂（高山）、東寧等。

第二章〈多彩多姿的史前文化〉[18]，透過考古學的挖掘與研究成果敘述17世紀以前，台灣先住民所締造的精采文化，包括舊石器晚期、新石器早中晚期、金屬器時代等，同時試圖鉤連史前文化與原住民的關係。[19]

第三章〈台灣早期的主人——原住民〉，分「原住民乎？先民乎？」、「南島民族的一環」、「高山族與平埔族／生番與熟番」、「19世紀前平埔族的分類與分布」、「平埔痕跡顯現其歷史的地位」、「高山族」等加以書寫，清晰勾勒出台灣早期的主人在長期以來族屬、族別、分布地點、文化成就，以及他們的文化在當今多元文化中，占據之地位。[20]

第四章〈大航海時代的台灣〉，分「海獠的故居」、「國際海權時代

---

[18] 以上參見，李筱峰、林呈蓉，《台灣史》，台北：華文圖書，2003，頁3-12。

[19] 以上參閱，李筱峰、林呈蓉，前引書，頁13-22。

[20] 以上參閱，李筱峰、林呈蓉，前引書，頁23-42。

的背景」、「南台灣的荷蘭經驗」、「北台灣的西班牙經驗」、「鄭成功攻占台灣」等單元，論述16、17世紀，中國、日本、荷蘭、西班牙等人何以來台？如何來台？這些外來人士間以及他們與原住民的互動情況？他們在台灣設立統治權對台灣造成的影響又如何等。[21]

第五章〈東寧王國的興亡〉，分「鄭氏集團權力鬥爭退守台澎」、「東寧王國的成立」、「鄭經、陳永華經營下的台灣」、「東寧王國的敗亡」、「鄭清議和的回顧」，討論漢人在台第一個政權的興亡、經營情形，以及面對大清，鄭氏的因應情況。作者甚至藉此提出兩個吾人當前也遭遇到的醒世議題：反攻大陸、與中國談判，足以供人深思。[22]

第六章〈中華帝國統治下的台灣〉，分「消極的官府與積極的人民」、「水利開發」、「動盪不平的社會」、「平埔原住民的遭遇與變遷」、「回歸國際舞台」、「滿大人的最後20年」等單元，綜論1683～1894年，共212年間，滿清政府的治台情況。作者認爲政府雖然消極治台，造成台灣社會充斥著羅漢腳與有應公廟，但閩粵漢人仍積極遷移前來，從事開墾，並開發水利，組成各業公會等，爲台灣經濟力的提升立下汗馬功勞。只是大清的治台仍屬無心，以致社會長期動盪不平，有朱一貴的抗官民變，有族群間的械鬥，有平埔族的反抗與遷徙等。到1860年代，在中國的國際關係有所改變之下，台灣也逐漸走向對外開放，促使長期封鎖於中國社會下的台灣，無論政治、文化、經濟均逐漸走向國際化，當然也使原本消極的官府走向積極。[23]

第七章〈台灣民主國獨立抗日〉，先以「獨立抗日」爲主題，討論滿清賣台求和、台灣民主國倉卒成立、北台抗日、台灣子弟兵的抗日等史

---

[21] 以上參閱，李筱峰、林呈蓉，前引書，頁43-72。

[22] 以上參閱，李筱峰、林呈蓉，前引書，頁73-84。

[23] 以上參閱李筱峰、林呈蓉，前引書，頁85-146。

事，進而探究其性質，提出無獨立建國的眞意，清廷推卸賣台之責，主客觀條件不足等主張，深具創見。[24]

第八章〈日本帝國統治時期的台灣〉，分「總督威權與警察制度」、「建構近代化社會的基礎」、「台灣人的抗爭與要求」、「總力戰體制下的台灣」等單元，描繪1895～1945年台灣在日本統治下的政治經濟社會文教等情況。「總督威權與警察制度」包括早期經驗方針的摸索、殖民統治根本大法六三制的訂定、警察政治的展現等。「建設近代化社會的基礎」，則包括殖民地的基礎建設（政經文）以及教育的推動。「台灣人的抗爭與要求」，包括武裝抗日、近代社會運動的萌芽、新民會與台灣議會運動、台灣文化協會、台灣民報、文協左右分裂、台灣史上第一黨——台灣民眾黨、二林事件與台灣農民組合、台灣共產黨、台灣工友總督盟、社運在高壓下沉寂、地方行政改制與首次地方選舉、高山的怒吼——霧社事件等，「總力戰體制下的台灣」，則包括皇民化運動、從募兵到徵兵、高砂義勇隊、盟軍空襲台灣等。[25]

第九章〈二次戰後初期的台灣〉，分「迎接新時代」、「戰後初期的政治風氣與官場文化」、「戰後初期的經濟民生狀況」、「戰後初期社會的治安問題」、「社會文化的衝擊」五個單元加以論述。「迎接新時代」部分，包括日本投降與國民政府的接管、熱烈歡迎心中的祖國、參政的熱潮、長官獨裁制的出現等項；「初期的政治風氣與官場文化」則包括大陸人壟斷權位、牽親引戚與差別待遇、接收形同劫收等項；「初期的經濟民生狀況」，包括統制經濟的剝削、民生凋弊等項；「初期社會的治安問題」，因爲失業人口激增，造成盜賊四起，而軍紀敗壞，引發嚴重社會治安；「社會文化的衝擊」，包括兩岸的差距、文化隔閡，終於引發二二八

[24] 以上參閱李筱峰、林呈蓉，前引書，頁147-164。
[25] 以上參閱李筱峰、林呈蓉，前引書，頁165-227。

事件。[26]

第十章〈二二八事件〉，分「事件的引爆與經過」、「事變的結果與影響」兩部分。前者包括引爆點——緝菸血案、全台各地蜂起、大軍壓境腥風血雨、翦除社會菁英、清鄉等；後者包括死傷人數、影響等。[27]

第十一章〈後二二八的變革與變局〉，分「1949年的變革」、「1949年的變局——國民黨政府撤退入台」兩部分。前者包括改革幣制、發行新台幣、土地改革；後者包括國民黨政府何以入台、入台後所造成的影響。[28]

第十二章〈蔣氏威權統治下的台灣〉，分爲「台灣地位問題的浮現」、「威權統治的時代」、「50年代的民主運動」、「美援與台灣經濟發展」、「八二三砲戰與台美中三角關係」五小主題。「台灣地位問題的浮現」，討論國民黨政府統治台灣的合法性問題；「威權統治的時代」包括威權政治的背景、神格化的領袖、嚴刑峻法與特務政治等；「50年代的民主運動」，包括自由中國雜誌、不分族群合力籌組新政黨、雷震案爆發；「美援與台灣經濟發展」，包括美援的到來、美援的影響、客廳兼工廠的時代、時代心聲、電視時代開始等；「八二三砲戰與台美中三角關係」則討論這一段期間台灣的外交，尤其是美國的協防台灣。[29]

第十三章〈威權政治延續下的台灣〉，分「國際外交的挑戰」、「蔣經國主政」、「黨外民主運動的崛起」、「美麗島事件」、「突破黨禁解除戒嚴」五個單元。「國際外交的挑戰」，包括退出聯合國、中美斷交、台美另類關係的基礎「台灣關係法」等；「蔣經國主政」，則包括蔣經國的資歷、本土化初露端倪、石油危機與經濟考驗、從躋身亞洲四小龍

[26] 以上參閱李筱峰、林呈蓉，前引書，頁227-272。
[27] 以上參閱李筱峰、林呈蓉，前引書，頁273-300。
[28] 以上參閱李筱峰、林呈蓉，前引書，頁301-316。
[29] 以上參閱李筱峰、林呈蓉，前引書，頁317-352。

到產業升級等；「黨外民主運動的崛起」，包括選舉與民主運動、黨外政團逐漸成形等；「美麗島事件」則討論事件發生的原因、過程及影響；「突破黨禁解除戒嚴」，側重如何破除黨禁，組成民進黨，進而導致戒嚴的解除等論述。[30]

第十四章〈民主化的台灣〉，分「台灣的民主化」、「產業升級資訊大國」、「經濟試煉迎接未來」、「台、中關係的演變」、「台灣前途的追尋——兩個方向的對立」五個單元。「台灣的民主化」，包括李登輝上台、2月政爭與3月學運、民主的到來、總統民選、內部改造精省、2000年政黨輪替等；「產業升級資訊大國」，討論1980年以後，設置科學園區、推動資訊工業，以及網際網路之設置等；「經濟試煉迎接未來」，討論開放產業投資中國，對台灣政經社等各方面造成的影響；「台、中關係的演變」，論述台灣與中國間的三通四流、一國兩制、兩國間的誤判等；「台灣前途的追尋——兩個方向的對立」，探究台灣住民在國家認同兩極化：台獨與反台獨、本土化與反本土化，包括台獨呼聲起自海外、獨立自救的島內聲音、統一派的聲音、特殊兩國論的提出、台灣正名走向聯合國等。[31]

綜觀全書，文字流暢，條理清晰，圖片珍貴而寫實，因此易讀性與誘導性相當高。內容上，縱貫台灣歷史長河，上起史前，下迄當今，甚至對未來走向，多所啓發，凡政治、經濟、社會、文化等各方面，不僅指陳事實，更探究流變。因此，既具知識性，又具學術性，對於學習者與研究者而言，不失為一適當、重要的參考著作。再就其寫作立場來說，徹頭徹尾，均以台灣主體為立場，所有的觀點也從台灣本土出發，也因此，對於台灣主體意識的激發與建構，有其積極的作用。總之，這是一本相當適合

[30] 以上參閱李筱峰、林呈蓉，前引書，頁353-384。
[31] 以上參閱李筱峰、林呈蓉，前引書，頁385-415。

做為台灣史入門的著作。

結語

台灣歷史是台灣住民千百年來，在政治、經濟、社會、文化等面向活動而獲致的成果，其多彩多姿，端賴實質接觸、學習、了解之後，方可得知。再者，台灣歷史是台灣人的歷史，是你我先人的血汗結晶，所以在學習過程中，必須要以台灣主體性、台灣優先為出發點，進而營造出台灣的生命共同體，如此一來，方才不會愧對先民，也不致枉費自我學習台灣歷史的苦心。

參考文獻

1.施志汶。〈台灣通史教材中的分期問題〉。台灣師大歷史系，《歷史教育》第五期。1999。頁5～24。

2.林玉茹、李毓中。《戰後台灣的歷史研究，1945～2000》。台北：台大出版中心。2004。

3.戴寶村。《台灣政治史》。台北：五南。2006。

4.東嘉生著、周憲文譯。《台灣經濟史概說》。台北：海峽學術。2000。

5.蔡相煇。《台灣社會文化史》。台北：空中大學。2001。

6.李筱峰、林呈蓉。《台灣史》。台北：華文圖書。2003。

7.許雪姬。《台灣歷史小辭典》。台北：遠流。2005。

8.吳密察。《台灣歷史小事典》。台北：遠流。2000。

9.台師大人文中心。《台灣文化事典》。台北：該中心。2004。

問題討論

1.何謂「台灣歷史」？其與「台灣的歷史」有何差異？

2.人是歷史的主體；台灣人的發展史——台灣住民發展史的概況如何？其轉折是否與台灣政治史發展有相當關係？

3.台灣的經濟發展情況如何？是指歷史角度討論之。

4.台灣歷史是否只有400年，試以史前文化的多采多姿辨析之。

5.台灣主體性史觀在台灣歷史研究及學習上有何重要性？

台灣的宗教

長榮大學神學系　黃伯和

前言

文化是一個民族的靈魂，要認識一個國家或社會，除了評斷其經濟、政治以及社會的動態能量外，最爲深層的元素應該就是文化。文化是民族經驗的累積，是人民的經驗經過篩選、淘洗存留下來，爲一群人所共同分享、認同的精神和價值所呈現的生活習俗與器具。因此文化所顯露的是民族、族群的深層積習與特性。

文化既是歷史孕存的集體經驗，乃是多面向的。政治制度的運作會累積出政治文化，經濟活動的持續操作會形成經濟文化，社會中各種不同領域、族群的長期經驗匯集也會創造出獨特的族群文化，以及各種專業的文化。而這其中，對人的心靈特質、社會的價值體系影響最爲深遠的，應該是宗教的文化。因爲宗教是人心靈最深層的活動，是一個社會探尋絕對與超越的生活面向，研究台灣學因此不能不討論、不研究台灣的宗教。

一、宗教是什麼？

宗教的定義不一而足。有人認爲對宗教的定義應該從形式去觀察，有人則強調認識宗教需透過理論的陳述，也有人著重在宗教的經驗、感性、直覺或倫理的面向。社會學家和人類學者則傾向把宗教當做是一種社會或文化現象，以抽象的概念來做解讀，視之爲人類基於自身文化發展所逐漸形塑而產生的。

從字義上來看，「宗教」（Religion）這個字是源自拉丁語的Religio，這個拉丁文的意思原本指的是「敬虔」，或是對神聖事物的「愼思」。以漢語的字義表達來看，「宗」指對神及對人類祖先的尊敬和敬拜。「教」則指教育、教化，上施下效。這兩者的主要對象都是側重在對神道、靈界的信仰。近代宗教學的研究以西方學術界爲主流，而近年來的亞洲宗教學研究受西方的影響頗巨。一般學界對「宗教」的定義，因此已逐漸與西方學界所界定的「Religion」一詞融成一體，畫上了等號，在廣義上成爲共通的概念。這種把「宗教」視爲現代學科的一種分類的對「宗教」的了解，與傳統原始的宗教意涵已大相逕庭。

觀察西方宗教學者對「宗教」的定義，我們大略可以將之分爲三個範疇：

1. 有限的人對超越力量的迎合、討好與信奉，或對超世而具有人格之力量的感知和體覺。此一範疇不必然把宗教的對象設定爲實體存在，而是感知自己有限延伸出來的對超越力量的渴慕與追求。
2. 人對超越的、無限的存在所發出的渴求、信仰與愛慕。此一範疇的宗教定義設定了無限的超越者之實體存在，而宗教就是人對此超越存在的信仰與愛慕之情感的表達。
3. 人心靈上的依賴感覺或關懷的狀態。士萊馬赫定義的「絕對依賴感」與保羅田立克所謂的「終極關懷」就是屬於此一範疇。

換句話說，宗教的存在與人類文明的演進具有密切的關聯。人類的宇宙觀演進，標示著我們對外在世界的認識與了解。據此，我們逐漸建構出人類關係的網絡，這關係包括人與其所認知的超世靈界的互動。文明由此發生、演進。一般而言，宗教的起源可以追溯到遠古的法術、巫術時代，我們可以稱這些法術、巫術爲「準宗教現象」。這種準宗教現象產生於原始宗教之前，也就是在神靈觀念出現以前，人類訴諸超越力量之意識活動的最早形態之一。此一準宗教現象雖然形式上具有某種程度的宗教因素，但因爲還沒有超自然實體的概念，雖然人認爲某些行動可影響某些現象或事物，而試圖藉著法術、巫術來操控這種超越力量以達到目的。但是因爲對於超越力量存在之客體尚未予以神格化，所以也就沒有對之敬拜求告之想法及概念。這種準宗教現象的法術、巫術表現形式，包括如針刺木刻人形、佩戴玉石等。考古學家在一些舊石器時代洞穴壁畫中發現有野獸圖像遍布被利器刺傷之痕跡，認爲這是古人藉行法術來增加狩獵命中率。另外例如在尼安德塔人、山頂洞人等的墓葬中，發現屍骨上撒滿紅粉及砂石，學者以爲可能是另外一種以血色物行法術，以求死者死後安穩或再生。這些原始的法術、巫術在神靈觀念形成，宗教的形式較爲齊備後，乃逐漸退出舞台，而變成宗教的附屬性活動。

二、宗教的元素

以近代宗教學的觀點看，一個比較建制性的宗教，其形成主要都會包括下面四個條件：

1.信仰對象的神靈或教主

大多數的宗教都有信仰的神明或創教的教主及聖賢做爲其信仰、禮拜的對象。有些宗教屬一神教，信仰對象設定唯一，有些則是多神教或泛神論，信仰、禮拜的對象呈現多元或遍在。這些信仰對象有人格化的，有精靈化的，甚至也有觀念化的。

2.規範信仰的經典或教義

宗教之做爲宗教即取其有所宗有所本，因此除了信仰對象以外，宗教的最重要元素之一就是其信仰內涵。經典宗教的信仰內涵以其經典爲本，無固定經典宗教的信仰內涵則或是以信仰對象的屬性、特質，或是以教團規範的教義、禮儀爲依歸。宗教的教義不但呈現該宗教的思想、觀念體系，同時也表達信眾的感情體驗與想像。

3.宗教心靈映現的宗教禮儀

宗教信仰因爲是面向超越與絕對的存在，難以具體事物來做爲規範，因此大都訴諸心靈，使用象徵媒介來做表達。這種偏向形而上的關係與活動，要落實到信徒的日常生活中，乃必須藉助宗教禮儀的施行。信徒藉著參與宗教禮儀的活動，象徵性的把自己與神聖者之間的關聯加以呈現出來，一方面藉此經驗神聖者的臨在，另一方面也宣洩信徒的虔敬情感。宗教禮儀因此對一個宗教的延續具有關鍵性的角色。

4.做為社會單元的宗教組織與制度

教團的存在可以說是宗教團體在社會中的外顯組織。教團的組成包括組織與教制兩個方面。組織指的是一個宗教的組成單元與隸屬關係。教制則指宗教團體內部人事職務的分工與階級權屬。

當然不是所有的宗教都同時具備這四個元素，有些宗教或是沒有特定經典，或是缺乏有形組織，但是這些元素的確提供我們認識及研究宗教的可能面向。一般而論，教義是一個宗教的理論體系，而禮儀則是一個宗教根據其教義在社會實踐的一種象徵性活動，前者爲後者提供依據及指導，後者使前者的精神意趣得以推廣和外化；前者由不斷詮釋、匯集、編纂宗教經典而深化，後者也視經驗累積確定其施行的程度，於是教義及禮儀皆在所處的文化氛圍中產生一種人們公認的社會慣例。宗教的崇拜行爲、禮儀規範既屬於宗教的外在因素，是體現出宗教教義的實踐，也反映出宗教傳統的改革及其社會文化背景。禮儀因此具有規範化、程式化、機構化及制度化的功能，其內容包括祈禱、祭獻、聖事、禮儀、修行及倫理規範。

教團則代表著宗教信仰體系的機構化及社會化，是宗教的最外殼，卻又是不可或缺的元素。教團的組織與制度一方面提供宗教活動的秩序，另一方面也確立一個宗教的存在與延續的保障。教團的組織與制度令宗教有了可見的外在形體，從而能與社會互動，產生影響的作用。在歷史上，政、教關係常有合體或分離現象，體現了社會行政功能與宗教祭司功能的有機關聯，這種政教分分合合的現象說明了宗教這一關係心靈的社會單元與世俗社會之間錯綜複雜，既有聯繫，又有區別的關係。

從宗教發展的脈絡觀察，教團的組織與教制的形成，標誌著人類信仰體系走向成熟或世俗化的歷程。換句話說，越是原始的宗教，其組織的流動性與教制的穩定性就越鬆散、漂浮，主要依賴宗教領袖的個人魅力與神勇特質。越近代的主流宗教，其教團的組織與教制則越規範化、建制化。教團的發展一方面做爲宗教之抽象教義及宗教禮儀的外顯與補足。另一方面，過度建制化的組織與教制，也代表一個宗教的世俗化與社會化。許多時候過分嚴謹而建制化的宗教組織與制度規範，反而因僵化而限制或扭曲了宗教的精華特質，形成宗教發展的阻礙或腐化的因素。教團的發展因此標示著一個宗教做爲社會單元，在扮演引領、批判社會的先知性角色與適應社會、成爲社會化的一個社會團體角色之間的拉扯、緊張與衝突的錯綜複雜關係。並由此凸顯出宗教的獨特性與在人類社會中所扮演的多元社會角色與功能。

三、宗教的功能與社會角色

宗教是人類心靈的深層映現，是普遍存在世界上各個國家和民族的。到目前爲止，還沒有發現目前世界上的哪個國家是沒有宗教的。而且我們幾乎可以確定，在當今的世界上有宗教信仰者的人數絕對多於無宗教信仰者。因此我們可以斷言宗教對人類社會是具有普遍而深遠的影響的。從歷史經驗的回溯，我們可以列舉宗教在人類社會不同領域所呈現的功能與影響，這些領域包括政治、經濟、文化藝術，甚至在科學與生態的領域都看得到其痕跡。

宗教與政治的關係一向都是很複雜的，宗教信仰從社會的角度看也是一種社會意識形態，它是建構社會的上層結構之一部分，不但影響政治、法律、經濟的活動，也對文化、藝術有深刻的影響。歷史上，宗教往往為統治階層用來做為操縱人民的精神工具。另一方面，宗教也常常是被壓迫者用來做為反抗剝削、壓迫的工具。

在現代的民主國家，公民都有宗教信仰自由。宗教自由的意涵是人民既有信教的自由，也有不信教的自由；有信一種宗教的自由，也有信另一種宗教的自由，這些都是公民的基本權利之一。至於宗教團體與國家政體之間的權利互動關係，在歷史上有許多錯縱複雜的演變，中世紀時，世界上有許多國家都採取政教合一的制度，國家政權與宗教合而為一，宗教首領就是國家首腦，直接掌握國家政權。有些國家更是設立單一的宗教成為國教，教規就是國法，公民必須信奉和遵守，公民沒有信仰其他宗教或不信仰宗教的自由，否則會被認為是「異教徒」而遭到迫害。近代的民主國家、社會則傾向揭櫫政、教分離的原則與政策。

除了政教關係的顯著交鋒外，宗教也因著教義內涵的特質影響人民的經濟活動模式，有的宗教禁絕欲望，有的宗教鼓動消費，也有的宗教強調有規劃的經濟活動。在宗教的社會角色不同的情況下，國家社會立法也往往必須考慮或保護、或包容不同宗教的主張與立場。尤其在多元宗教的社會考慮宗教因素的立法成為一個國家社會和平與團結的不可忽視因素。至於在文化、藝術方面則宗教的角色更形明顯，在許多社會中，宗教不但是藝術創作的主要主題與內涵，也是保存文化、藝術的重要場域與社群。從各民族的藝術收藏觀察，我們可以發現無論在文學創作、繪畫、建築、戲劇、舞蹈、美術，而至於食衣住行，幾乎都可以發現宗教信仰在其中所扮演的重要質素。

另外一個具爭議性的宗教社會功能是宗教與科學的關係。宗教與科學從啓蒙運動以來經過一段慘烈的爭鬥，近年來雖然由於多元化社會的發展而弱化了衝突的力道，在表面上相對的呈現相安無事的共處局面，事實上在許多議題上兩者還是常有對立與矛盾存在。平心而論，宗教與科學的緊張與爭議本質的演進，對兩造雖多有傷害，卻無可否認的扮演了矯正與制衡的功能。科學的發展促成了宗教的現代化，宗教的批判立場也敦促科學能更加關注其技術研發所帶來的倫理、道德與社會責任。

四、多元宗教社會與宗教對話

現代社會由於資訊高度發達、全球化地球村的行程，導致人口快速而大量的跨國界移動、交流，導致不同宗教隨著人口的移動而匯集、對遇，宗教間的互動與衝突因此成爲全球化社會一個無法忽視的課題。宗教間的對話不只是一個宗教尋求自我生存、宣揚教義、眞道的必須作爲，也是社會要免除衝突、戰爭之災難的必要手段。無論是宗教間或是宗教內不同流派間，越來越多呼聲提出要站出來對話，尋求人類的和平共處。

宗教對話的運動在普世宗教間行之有年，在許多場合中也收穫豐碩。然而，對於參與對話的立場，卻仍存在著不同的主張與爭議。大體上在宗教對話的理論類型中可以概略分爲：排他論、兼併論、多元論及眞理夥伴論等不同立場。

五、台灣的宗教

台灣基本上是個移民的社會，原住民族、早期漢人、二次戰後的政治移民，到近年來的外國勞工族群，四波人口大搬移的過程中，不但依次把這些移入人口的固有傳統信仰帶入台灣，同時也讓這些來自不同傳統的宗教匯集在台灣這個島嶼上。台灣的原住民族大多持守祖靈崇拜的信仰，早期漢人移民則帶來佛、道兩教，經過在台灣的落地生根再揉合儒家的孝道與祖先崇拜，於台灣民間產生了根深柢固的民間信仰。開阜通商後隨著與西方世界頻繁的交流，比較常見的西方宗教如基督教、天主教與伊斯蘭教，也傳進台灣，並擁有不少的信眾。晚進大量外勞引進的各國不同宗教或習俗，包括印度教、猶太教、東正教、摩門教等，雖然人數不多，卻也都逐漸成爲台灣宗教生活的一部分。

根據台灣官方發布的信仰人口資料，佛教與道教爲台灣最大的兩個宗教。在2300萬台灣人口中，佛教徒約占有800萬人，而道教徒約有755萬人。[1]除了佛、道兩教之外，在台灣較爲普遍的宗教尚有一貫道、基督教、天主教及彌勒大道等，這幾個宗教的信仰人口各占台灣總人口3.5%～1%左右：其中有84.7萬人（3.7%）信奉一貫道，59.5萬人（2.6%）爲基督教教徒，29.7萬人（1.3%）爲天主教徒，22.9萬人（1%）信奉彌勒大道，53000千人（0.2%）爲遜尼派穆斯林。另外還有約4%信仰其他十數種中國傳統宗教，如：儒教、天德教、天帝教、軒轅教等等。[2]此外，還有新興宗教與氣功法門等廣義的宗教信仰，在當今的台灣也都動輒擁有數萬名以上的信徒，並常有活躍的傳教活動。[3]

以下我們將就其中幾個比較重要的宗教傳統，做簡要的介紹。

1.佛教

如前面指出的，台灣的佛教、道教與民間宗教之信徒具有高度的重疊性。佛教是屬於自修覺悟的宗教。「佛」的原意指「佛陀」，梵文的意思就是「覺悟」。佛陀生於西元前623年，原是印度迦毗羅衛城的釋迦王子，在洞悟人生的生老病死苦後，放棄王子的尊貴身分與生活，離家修

---

[1] 該報告的統計數字出現於2006年，報告中將台灣民間信仰納入道教體系，並指出佛、道兩宗教的信教人數具有相當程度的重疊性。

[2] 上列信仰人口數參見維基百科2010年7月11日網頁資料：http://zh.wikipedia.org/zh-tw/%E5%8F%B0%E7%81%A3%E5%AE%97%E6%95%99.

[3] Ibid.,

道。成道之後被尊稱爲「釋迦牟尼」。釋迦是他的姓，牟尼則是梵文對聖者的常用稱號，意思是「寂默」。佛教傳入台灣主要是伴隨第二波人口移民的湧入，明清兩代從中國南部的移民陸續被招募入台拓墾。以觀音、佛祖爲主神的佛教寺廟，隨著漳州、泉州而來的移民帶進台灣。

18世紀後，台灣的道教或齋教等民間信仰在興建廟宇時，往往會將佛教的觀音、佛祖等神像併列於道觀或宮廟中供人膜拜。而強調以天道教化的儒教也會延引佛教、道教的思想與教義，甚至其神祇，做爲教化人的典範。逐漸的，台灣的佛、道、儒教及民間信仰乃合體成爲不可分的民間宗教。台灣佛教以淨土宗、禪宗及無所屬的宗派居多。最近慈濟功德會發起在台灣成立「慈濟宗」，可以說是台灣本土首創的佛教宗派。如就佛教團體來看，則以中台山的惟覺、法鼓山的聖嚴、佛光山的星雲、靈鷲山的心道，以及慈濟功德會的證嚴等五團體的影響力最大，該五個知名團體亦被視做台灣佛教五座山（頭）。

2.道教

道教傳入台灣與佛教是相伴隨的，都是透過第二波漢人移民進入台灣的。道教主要是蛻變自道家的思想，是具有悠久歷史的中國宗教。在中國道教主要分爲南方的天師教與北方的全眞教。天師教偏重他力救助，重視符咒科儀，全眞教則強調自力修行，苦行自修；一般來說，台灣的道教緣於移民人口的地方特性，多來自福建泉州與漳州一代，因此台灣的道教比較主流是來自這些地方所盛行的天師教。

道教在台灣的活動，一般都與迎生送死有關，專注在渡生與渡死兩個任務上。所謂渡死，乃是指喪葬的禮儀和做功德的活動，渡生則又可分爲祈福與驅邪。祈福儀式包括建醮、謝平安、做三獻等，驅邪則指安胎、起土、補運等。道教的祭司一般通常稱司公。如果再加以細分，則有紅頭司公與烏頭司工，紅頭司公專門渡生、做喜慶的法事；烏頭司公則專門渡死，做超渡的法事。

3.台灣民間信仰

如前面提及的，台灣民間信仰基本上是由中國華南地區隨著閩粵移民來台的儒、釋、道三教信仰揉合而成的混合性信仰，經過落地生根，逐漸產生本土的民間信仰風格。在台灣被認定爲道教徒的755萬信眾中，大多數應該都混雜著台灣民間信仰，也就是包含崇奉祖先、施行巫術、對鬼神和其他神靈或動物崇拜等信仰。

閩粵移民渡海來台時，由於預備長期離家背井，對前途的不確定性，而祈望神靈的保佑，因此大多由原鄉帶著神祇同行，並在抵達台灣後分靈侍奉。再因渡海需面對莫測的海象變化，在台灣的墾殖過程，經歷水土不服，瘟疫橫行，還要與原住民及不同的墾殖團體相互爭鬥，爭奪土地、水源、商業利益等等，導致由原鄉帶來的神祇，尤其是一路保佑的媽祖、王爺，成爲台灣移民的精神認同，並逐步發展爲無所不能的地方守護神。如果強加歸類，台灣較接近道教的知名民間信仰廟宇計有大甲鎮瀾宮、台北行天宮、北港朝天宮、大龍洞保安宮、鹿港天后宮、新港奉天宮、大稻埕轄海城隍廟、新竹城隍廟、木柵指南宮、台北關渡宮、南鯤鯓代天府、麻豆代天府、台南大天后宮、台南天壇、高雄玉皇宮、高雄三鳳宮等等。

4.一貫道

一貫道最早發源於中國，目前則興盛於台灣。根據一貫道的官方歷史源流簡介，該宗教在台灣開始受到注目應該是從孫慧明遷居到台灣之後（1954年）開始。由於一貫道傳教初期結構嚴謹、守密，早期傳教活動受到國民政府強力壓制，1953年內政部曾頒布禁令，嚴禁該宗教在台活動，此禁令一直到1987年才解除。

一貫道信仰的主神是「明明上帝」，其教義箴言：「明明上帝　無

量清虛　至尊至聖　三界十方　萬靈眞宰」是信徒琅琅上口的句子。「明明上帝」在一貫道教內被視爲與佛教的「大日如來」、儒教的「維皇上帝」、道家的「無極聖母」具有同等的地位。根據一貫道的說法，宇宙眞理雖然只有一，但它可經由各種形式、依各地風俗民情來顯現。一貫道能在民間興盛，主要是因其活動與市井小民的生活緊密結合，教內人士也實踐互相幫助、濟助鄰里。一貫道道場可分爲家庭道場與公共道場。道場的擺設主要是三盞油燈，左右兩盞代表日月，中間一盞油燈代表的是明明上帝無極老母，除此之外，就是一貫道奉祀的主神，包括儒、釋、道三教人物。

5.基督宗教

基督宗教在台灣教派繁多，難以一一枚舉，這裡主要舉天主教會、基督教的長老教會和幾個在本土創立的教會做介紹。

(1)天主教

基督宗教可以說是最早進入台灣的西方世界性宗教。在台灣，宗教改革後的新教普遍簡稱爲基督教，而羅馬公教則被稱爲天主教。根據歷史記載，17世紀中期，西班牙的天主教道明會和荷蘭的改革宗教會傳教士就曾抵達台灣展開傳教工作。不過，這一波的基督教在台傳教並沒有能夠持續，在荷、西兩國相繼退出台灣後，基督宗教也呈現斷層。就天主教會而言，眞正落實在台灣的宣教要等到19世紀中期（1858年），由於清國戰爭失利而與西方列強簽訂「天津條約」，開放台灣爲自由經商傳教的地區，1859年，西班牙道明會從菲律賓派兩名神父來台傳教，並在本地教友協助下，於打狗（今高雄）建立第一座教堂，稱爲「聖母堂」。

目前台灣的天主教會，共分成七個教區、一個宗座署理區，所有主教包括單國璽樞機都是由羅馬教廷教宗所敕封。在教勢方面，台灣天主教會轄下有神父、修女約兩千位，屬下的地方教會有八百個及其他社會教育事業，包括大學（輔大、靜宜、文藻）、醫院、安養院、啓智中心等。其信徒人口雖只占台灣人口的少數，但社會服務事業卻極爲卓越並爲人稱道。

(2)基督教

在基督教新教方面，英國宣教師馬雅各於1865年抵高雄後，轉往台南傳教，建立台灣第一間長老教會。喬治萊斯里馬偕於1872年從加拿大抵達台灣北部的淡水，開始北部宣教。這兩個同樣源自蘇格蘭長老教會的不同國家宣教師，在台灣分別建立了台灣長老教會的南北兩個大會。台灣基督長老教會的早期宣教師在台灣從事宣教工作，都具有強烈的獻身與認同，不但勤學台語、周濟窮苦、醫病啓蒙，並且四處旅行傳道，藉由行醫擴展基督教的教義。因此，長老教會於台灣現代化是一個非常重要的倡導團體。近代台灣的現代化轉型，包括設立醫院、辦理現代教育、推廣傳播，甚至台灣民主化的進程，都看得見長老教會的貢獻。目前台灣基督長老教會在台灣大約有1200間教會，會友人數號稱21萬人。

二次大戰後，隨著敗退的國民黨政權從中國移入台灣的，還有許多主流的基督教會，包括信義會、聖公會、衛理公會、浸信會、安息日會、救世軍等十數個宗派，也都逐漸在台灣落地生根。

(3)本土的基督教會

(a)眞耶穌教會

眞耶穌教會與聖教會都是在日本統治時期傳入台灣。聖教會是由日本傳入，眞耶穌教會則是來自中國，於1926年由張巴拿巴等人傳入台灣，算是少數源自亞洲而沒有西方宣教師參與宣教的基督教會。到2004年，在台灣有教會238處、祈禱所32處，信徒達到51772人（參見台灣真耶穌教會史）。

(b)聚會所

又稱爲「地方教會」或「召會」，是1948年以後從中國大陸轉來台灣。聚會所的創始者爲倪柝聲，1949年之前在台灣已有數百名信徒。後來倪柝聲委託李常受開展台灣工作，數年內信徒增加至數萬人。

(c)新約教會

爲江端儀在1960年代創立，江端儀去世後由洪以利亞帶領。新約教會聲稱聖山位於台灣高雄縣那瑪夏鄉的錫安山。新約教會曾因錫安山的土地糾紛，與國民黨政府展開激烈的鬥爭，後來得以取回錫安山的產權，開始召聚信徒在錫安山組成遺世獨立的信仰團體，透過耕種教讀，把錫安山建設得像個世外桃源。

6.伊斯蘭教

伊斯蘭教又稱爲「回教」，追溯伊斯蘭教在台灣的歷史，可以回溯到1661年，鄭成功從荷蘭人手下取得台灣，隨同鄭成功登陸台灣的福建軍民有不少是穆斯林教徒。1949年國共內戰後，隨著當時國防部部長白崇禧與軍事將領馬步芳等知名伊斯蘭教徒人士來台定居的，據傳有2萬人之眾。1980年代後，因爲白崇禧等知名回教人士去世，以及中華民國與伊斯蘭國家陸續斷交等種種因素，台灣伊斯蘭教發展開始走下坡，信仰人數沒有再增長。目前在台灣的伊斯蘭教信徒主要是二次大戰後隨國民黨軍移入台灣的居多，信徒大多是1950年代國共內戰來台避禍的軍、公、教人員或其子嗣。台灣穆斯林教主要分布於台北、桃園、高雄三處。另外，近年來由於外勞的引進，從印尼來台的勞工許多是屬於此一宗教的信徒。

根據西元2000年時的統計，台灣共有六座清眞寺，其中最著名的爲台北清眞寺，教長爲馬孝祺先生。而其他比較知名的回教徒有石永貴、馬鎭方、穆閩珠、林忠正、劉文雄，其中以曾擔任立法委員的劉文雄參與教務最爲積極。

結語

台灣做爲一個海島國家，可以說比許多國家更快速進入全球化地球村的時代。社會的開放，使人民與世界各地的交流急速擴增，不但促成文化的多元經驗，不同宗教也隨著人民的交流而在社會中繽紛開放。在一個多元社會中的現代公民，認識自己的獨特文化，並了解社會中各個不同的宗教與文化內涵，可以說乃現代知識分子不可或缺的教養之一。希望本文對台灣宗教的介紹能提供大家一個窺視台灣豐富文化、繽紛多彩的宗教資產的機會。台灣的宗教還在不斷的豐富中，不是本文所能盡述，僅希望藉此拋磚引玉，引起大家對研究台灣宗教的興趣。

參考文獻

1.瞿海源著。台灣宗教變遷的社會政治分析。台北：桂冠。1997。

2.李世偉等著。台灣宗教閱覽。博揚文化。2002。

3.增田福太郎原著，黃有興中譯。台灣宗教信仰：增田福太郎名著「台灣の宗教」的全面解讀。東大。2005。

4.董芳苑著。台灣宗教大觀 = The religions in Taiwan。台灣：前衛。2008。

5.董芳苑著。台灣宗教論集 = The religions in Taiwan。台灣：前衛。2008。

問題討論

1.經過課程的學習後，您對宗教的界說有什麼看法？這和您原來的看法是否相同？如果不同，其差別處在哪裡？

2.依您的經驗，哪些宗教的元素比較能帶給您深刻的宗教體驗？

3.您認爲宗教在今天的社會或您未來工作的職場具有什麼影響的因素？

4.在像台灣這樣一個多元宗教的社會中，您覺得不同宗教的相處之道是什麼？

5.請列舉您認爲的目前在台灣比較具有影響力的宗教有哪些？他們的影響層面如何？

台灣的社會

長榮大學社會工作學系　卓春英

台灣社會圖像

在全球化潮流所及之下，台灣社會也不免受到影響，其影響層面包括——家庭變遷、人口老化、貧富差距擴大、社會不均、跨國婚姻和跨國勞工流動等社會圖像，以及社會問題之形成，說明如下：

一、家庭變遷

（一）家庭型態的改變

台灣社會面臨人口低度成長，育齡女性生育率下降，容易造成性別比例之偏差，將使台灣男性往外尋求婚姻對象的可能性提高。且台灣平均家戶人口數下降，離婚率提高（單親家庭增加）、有偶率下降與初婚年齡延後（如表1）。喻維欣（2009）指出，由2000年普查資料顯示，單親家庭、無子女家庭、隔代家庭、單身家戶及無親屬關係家戶等非主流家庭，共占了台灣家庭組成的38%。而在可預見的將來，傳統觀念上的主流家庭，很有可能會變成統計上的少數，此將影響家庭在傳統社會裡所扮演的角色。

表1　歷年初婚平均年齡及生育平均年齡　　單位：歲

年別	女性初婚平均年齡	生母平均年齡	第一胎平均生母年齡	男性初婚平均年齡
1980～	23.8	25.4	23.5	27.4
1990～	25.8	27.0	25.4	29.0
2000	26.1	28.2	26.7	30.3
2001	26.4	28.2	26.7	30.8
2002	26.8	28.2	26.9	31.0
2003	27.2	28.4	27.2	31.2

年別	女性初婚平均年齡	生母平均年齡	第一胎平均生母年齡	男性初婚平均年齡
2004	26.9	28.5	27.4	30.7
2005	27.4	28.8	27.7	30.6
2006	27.8	29.2	28.1	30.7

資料來源：引自內政部「人口政策白皮書」（2008：13）。

（二）少子化問題

台灣育齡子女生育率逐漸下降，晚婚使婦女有效生育期間縮短，因有偶率下降、遲婚或生育意願低落等原因，令台灣目前人口呈現低度成長，2003年即成爲超低生育率國家的一員，2005及2006年的總生育率僅1.11%（王德睦，*2009*），且持續下降當中，造成少子化問題與家戶規模持續縮小，對社會經濟的衝擊會越來越大，將影響我國相關政策之制定。

二、人口老化

老化是整個人類社會的共同現象（Harris，1998），而台灣人口老化問題，近年來也倍受重視，截至2010年6月，我國老人人口已有2,474,000多人，占總人口的1.69%（內政部社會司，*2010*），且平均壽命續增，至2006年男性是75歲，女性更已達81歲（張苙雲，*2009*）。另依行政院經建會（2004）的人口推估，我國的老人人口從戰後嬰兒潮世代進入老年期開始，我國的老年人口約將從11%上升到2016的24.4%，2051年的35.5%，老人人口將達695萬人，成爲人口老化的國家。而除了人口老化現象的普遍性外，老化速度的差異亦是另一議題，這也預期了我國長期照顧與年金需求的壓力問題，與潛藏的老年經濟安全、健康與社會照顧，將是未來的福利政策規劃重點。

三、社會不均

台灣所得分配不均也隨著工業化與全球化而惡化，所得分配不均其中一大主因是失業率的提高（如表2），而經濟不安全將造成許多社會問題產生的風險拉大，社會福利做爲改善所得不均之意義越顯重大。

表2 人力資源調查統計指標摘要 單位：千人

年月別	勞動力			勞動力參與率（%）	失業率（%）
	合計	就業者	失業者		
94年平均	10,371	9,942	428	57.78	4.13
95年平均	10,522	10,111	411	57.92	3.91
96年平均	10,713	10,294	419	58.25	3.91
97年平均	10,853	10,403	450	58.28	4.14
98年平均	10,917	10,279	639	57.90	5.85
99年1～6月平均	11,019	10,417	602	57.95	5.47

資料來源：內政部（2010）

四、跨國婚姻

全球化也促成跨國婚姻的擴張，婚姻移民對國家的貢獻最直接的就是人口增加，如台灣截至2010年爲止便增加了約42萬人口的婚姻移民者（如表3），另一方面，郵購與買賣婚姻普遍性存在，卻也產生新的途徑來剝削婦女與兒童，諸如人口買賣與販運、從事非法行業等侵略人權的非法行爲與相關社會問題。

外籍配偶大量引進所產生的議題包括：人口成長、勞動市場、婚姻市場、人口販運、家庭關係與教養、文化差異與國家認同、種族存亡等。

表3 各縣市外籍配偶人數與大陸（含港澳）配偶人數

76年1月至98年12月底　　單位：人

	總計	外籍配偶			大陸、港澳地區配偶		
		合計			合計		
		計	男	女	計	男	女
總計	429,495	143,702	11,631	132,071	285,793	17,280	268,513

資料來源：內政部主計處（2010）

五、跨國勞工流動

全球化與科技之發展讓過去遙不可及、不易抵達的偏遠地區，如今一蹴可及，在這波全球化的潮流之一就是國際勞動力的移動，尤其以亞洲國家居多，因交通與溝通網絡的發達，使國家間連結關係與網絡密度提高，且勞工流動的期限只有短期性質，勞動力具彈性化且移民勞工具有半技術性與非技術性質，故近年亦有移民勞工的女性化傾向。

台灣自1989年引進外籍勞工以來，外籍勞工口急速增加，時至2010年，外籍勞工合計約有36萬人。雖然外籍勞工暫時紓解台灣某些產業勞動人口短缺問題，但也產生勞動市場排擠或勞動剝削的可能（林萬億，2006）。

台灣社會的社會福利意涵

一、定義

社會福利可被界定爲「直接或間接處理人類需要及社會問題的方法」。其目的不僅在於預防、減輕或解決社會問題，亦包含增進個人、家庭、團體及社會的福祉（林昭吟，2000；詹火生，2000）。

社會福利政策的制定與推動有它的基本價值，例如尊重人權、維護社會正義、協助弱勢、解決不平等，另外，往往也會受到意識形態（ideology）的影響。基本價值可謂普世價值，可適用於台灣，而意識形態大多是西方社會的產物，但在全球化情況之下，對台灣仍有相當的影響力，不可不知。

二、意識形態

文獻上經常被提及的意識形態，大部分來自西方思維，種類繁多，林勝義（2008）將其簡化爲：右派、左派、第三條路、女性主義與綠色主義等，說明如下：

1.右派：即資本主義的意識形態，強調自由競爭，追求利潤，認爲個人必須爲自己的幸福負責，反對國家過度干預。

2.左派：即社會主義的意識形態，主張透過政府干預，以便有更多的資源以協助弱勢者。

3.第三條路：其意識形態就是要在左派政府干預的社會主義與右派完全自由放任的資本主義之外，找出第三種可能。它不同於右派的是，主張國家積極干預，強調社會福利對於減少人生風險與貧窮的必要性；它不同於左派的是，不鼓勵直接的經濟補助，而強調積極的人力資本投資。

4.女性主義：其意識形態就是反對父權主義，反對社會中存在的性別不平等，提醒政府制定社福政策應該考量性別之間的平等，並且尊重婦女之間的差異。

5.綠色主義：其意識形態就是保護生態環境，以促進人類幸福。

除上述西方社會福利的意識形態外，我國社會福利的發展也受到下述影響：

6.禮運大同篇：「……故人不獨親其親，不獨子其子，使老有所終，壯有所用，幼有所長，鰥寡孤獨廢疾者，皆有所養……」

7.孫中山先生的民生主義：強調社會主義、實施社會保險。

8.憲法：基本國策亦包含社會安全一節，其中提到保障人民之工作權與社會權，與西方現代之福利理念頗爲相近。可惜的是，我國對於憲法的關注多偏重於政治面，而其中有關人民之工作權與社會權的保障卻少有人注意（引自林昭吟，2000）。

台灣社會福利的意識形態究爲何，並未有很多論述。早期國民黨執政時，社會福利政策受到相當程度的壓抑，而民進黨早期主張要建立公平正義的福利國，2000年大選時也曾提出要走「新中間路線」，但各政黨仍以選舉政治利益的考量爲重，以至於台灣至今仍並未有清楚、固定取向的社會福利政策意識形態。

三、社會福利權

社會福利權是基本人權。人權是一種規範性觀念，指導著我們考慮現實上人的尊嚴受損的具體情況，並要求他人（包括一國之政府及國際間）承擔義務，促進不分國界平等享有人權。「人權」的意涵是否高深、遙遠不可及？事實上，人權的觀念自古在東西文化中皆有跡可循。如《禮記》中「老吾老以及人之老，幼無幼以及人之幼」、四書中的「己所不欲，勿施於人」等；西方學者洛克（John Locke）、潘恩（Thomas Paine）也先後貢獻各層面多元的人權思想。直至1948年聯合國通過的「世界人權宣言」，更加界定並規範一種人類共同的理想，30條條文中，明示人權的「公民、政治權利」，以及「經濟、社會、文化權利」兩大項，從權利分類上看，公民和政治權利屬於「第一代人權」，經濟、社會和文化權利（通常稱爲福利權）屬於「第二代人權」。

社會福利權的概念，是第二次世界大戰以後發展出來的，主要是保障人民都能擁有社會福利服務的基本權利，福利國家的本質在於由政府提供最低標準的所得、營養、健康、住宅及教育等，特別是在弱勢者人權的關注與保障方面，包括兒童、婦女、老人、身心障礙者、犯人、難民及移民、原住民等（*United Nations，1994；蘇錦輝，2010*）。當今國際社會普遍認爲福利權是一國公民的基本權利，不是什麼德政，身爲台灣國民，我們應有此認知與素養（*卓春英，2010*）。

四、社會福利內涵

要將台灣建構爲「福祉社會」，基本上仍須依循國家的社會福利政策綱領（行政院93年2月13日院台內字第0930081882號函修正核定）：

「社會福利政策是我國的基本國策之一，……國家興辦社會福利之目的在於保障國民之基本生存、家庭之和諧穩定、社會之互助團結、人力品質之提升、經濟資本之累積，以及民主政治之穩定，期使國民生活安定、健康、尊嚴。基於憲法保障國民基本人權之精神，因應政治經濟社會變遷的挑戰，吸納工業先進國家的經驗，回應民間社會完善我國社會福利體系的呼聲，遂依以下原則訂定本綱領」：

（一）人民福祉優先

以人民的需求爲導向，針對政治、經濟、社會快速變遷下的人民需求，主動提出因應對策，尤其首要保障弱勢國民的生存權利。

（二）包容弱勢國民

國家應積極介入預防與消除國民因年齡、性別、種族、宗教、性傾向、身心狀況、婚姻有無、社經地位、地理環境等差異，而可能遭遇的歧視、剝削、遺棄、虐待、傷害，及不正義，以避免社會排除；並尊重多元文化差異，營造友善包容的社會環境。

（三）支持多元家庭

各項公共政策之推動應尊重因不同性傾向、種族、婚姻關係、家庭規模、家庭結構所構成的家庭型態，及價值觀念差異。政府除應支持家庭發揮生教養衛功能外，並應積極協助弱勢家庭，維護其家庭生活品質。

（四）建構健全制度

以社會保險維持人民基本經濟安全，以社會救助維護國民生活尊嚴，以福利服務提升家庭生活品質，以就業穩定國民之所得安全與社會參與，以社會住宅免除國民無處棲身之苦，以健康照護維持國民健康與人力品質，再以社區營造聚合眾人之力，建設美好新故鄉。

（五）投資積極福利

以積極的福利替代消極的救濟，以社會投資累積人力資本，以社會公平與團結促進經濟穩定成長，以經濟成長回饋人民生活品質普遍之提升。

（六）中央地方分工

中央與地方應本於夥伴關係推動社會福利，全國一致的方案應由中央規劃推動；因地制宜之方案由地方政府負責規劃執行。然而，中央政府應積極介入縮小因城鄉差距所造成的區域不正義。

（七）公私夥伴關係

公部門應保障人民基本生存、健康、尊嚴之各項福利；民間能夠提供之服務，政府應鼓勵民間協力合作，以公私夥伴關係提供完善的服務。

（八）落實在地服務

兒童、少年、身心障礙者、老人均以在家庭中受到照顧與保護為優先原則，機構式的照顧乃是在考量上述人口群的最佳利益之下的補救措施；各項服務之提供應以在地化、社區化、人性化、切合被服務者之個別需求為原則。

（九）整合服務資源

提升社會福利行政組織位階，合併衛生與社會福利主管部門，並結合勞動、教育、農業、司法、營建、原住民等部門，加強跨部會整合與績效管理，俾利提供全人、全程、全方位的服務，以及增進資源使用的效率。

新修正的社會福利政策綱領將社會福利的內涵與範圍界定為：

1.社會保險與津貼；

2.社會救助；

3.福利服務；

4.就業安全；

5.社會住宅與社區營造；

6.健康與醫療照護。（引自林萬億，*2006*）

幸福台灣的社會福利要素

社會福利是國家提供來滿足人民生存需求的方案，因此，它是政治、經濟與社會的產物，不同的意識形態與價值，就會有不同的社會福利界定，一般分為「殘餘式的」（residual）與「制度式的」（institutional）社會福利。前者必須透過資產所得調查，例如國內的社會救助法；後者重點在於國民保障，例如「全民健保」。

社會福利的實施有幾項要素：

一、法令與政策

社會福利政策綱領，原則之一，即中央與地方的分工：中央與地方應本於夥伴關係推動社會福利，全國一致的方案應由中央規劃推動；因地制宜之方案由地方政府負責規劃執行。因此，社會福利相關的法令與政策均由中央制定，縣市政府據以執行。

林萬億（2006）指出1990～1999年被稱為社會福利的「黃金十年」，這期間新立與修正的社會立法遠比過去40年還多，但由於其中很多福利立法或方案先於政策，或政策不能落實，因此也被稱為「失控的十年」。但地方政府是執行法令與政策的基本單位，發現法令與政策執行上的缺失時，即應據以反映，以為修正之參考。

除中央規範的政策之外，地方政府亦可因地制宜，規劃執行政策與方案。例如，在全民健保未開辦之前，為照顧身心障礙者及兒童，高雄縣政府即開辦「身心障礙者健康保險」與「兒童團體健康險」。

二、人員與組織

建構福祉社會雖有良法與美策，但徒法仍無以自行，因此，人員與組織爲第二要素。但是需思考的是，如何透過健全的人事管理制度，從晉用、訓練、評估考核等，來提升福利服務人員的素質，使其擁有與時俱進的專業知能、悲天憫人的情懷，並具專業倫理與使命感，以提供人民溫馨良善的服務。

三、財政與預算

財政健全與否以及預算多寡，可以反映出社會福利發展的水平。一般社會福利的財源，包括稅收、保險費、收費、捐款及生產而來。目前縣市政府福利經費來自中央的有統籌分配稅款、社會福利經費設算以及彩券盈餘分配，此外，則須由地方政府自行籌措。如何開闢財源、妥當分配及善用預算、照顧人民，是執政者重要的一課。

上述要素環環相扣，處理不當可能影響福祉社會的建構。遺憾的是台灣的社福政策受政治影響層面太大。以2008年政黨輪替之後，新政府即推翻前朝的社會福利政策，花31億，不用社工專業，卻授權給村里長，被稱爲基層綁樁的「馬上關懷」；一年花135億辦理依賴電腦篩選的「工作所得補助方案」；「立即上工計畫」；「97短期就業促進措施」；「98至101年就業促進措施」；花費超過850億的「消費券」發放等方案，共需耗掉政府大量預算。但中央政府又大減稅，包括調降「遺贈稅率」、「證交稅減半」等，粗估一年稅收損失超過1254億元。在經濟不景氣的情況之下，政府以有限的預算與人力，因應劇增的社會需求，提出操短線的福利方案，破壞體制的規劃，難怪有學者感嘆：社會福利的寒冬就在眼前（林萬億，*2009*）！

結論

本文旨在說明台灣的社會變遷，特別是在全球化潮流下，社會層面所受到的影響，構築出包括家庭變遷、人口老化、貧富差距擴大、社會不均、跨國婚姻和跨國勞工流動等社會圖像，以及形成之社會問題；其次介紹東、西方的社會福利意識形態、福利權等概念，以及台灣政府部門所揭櫫的社會福利內涵；最後提出社會福利的要素與原則，包括法令與政策、人員與組織、財政與預算等，期許爲台灣社會構築幸福圖像！

人不能離群而索居。人的行爲和思想受到社會的影響，同時，社會與制度是人所創造出來也能改變的。因此，人們須對所處的社會環境有所了解並加以關懷。本文主要介紹台灣的社會圖像，特別著重在弱勢關懷及社會福利意識形態及制度方面的介紹，希望台灣社會能建置良善完備的社會福利制度，使人民都能有尊嚴的生存與發展！

參考文獻

1.王德睦。人口。出於瞿海源、王振寰主編（2009）。社會學與台灣社會。台北：巨流圖書。2009。

2.林萬億、周淑美合譯。全球化與人類福利。台北：五南。2004。

3.林萬億。台灣的社會福利：歷史經驗與制度分析。台北：五南。2008。

4.林昭吟。社會福利與社會政策。台北大學。2002。

5.林勝義。社會政策與社會立法：兼論其社工實務。台北：五南圖書。2008。

6.江逸之。2008年幸福城市排行榜　打造超值宜居城。天下雜誌，406期，2008年9月。

7.內政部。全球化下的家庭圖像——社會工作實務的新思維研討會論文集。台北：台灣社工專協。2005。

8.內政部。人口政策白皮書。台北：內政部。2008。

9.內政部。主計處就業、失業統計。引自http://www.stat.gov.tw/lp.asp?ctNode=517&CtUnit=358&BaseDSD=7。2010。

10.內政部主計處。生命統計——結婚、離婚人數按雙方國籍分（按登記日期）統計。中華民國統計資訊網。引自http://www.stat.gov.tw/ct.asp?xItem=15409&CtNode=3622&mp=4。2010。

11.卓春英主編，蔡明殿等著。人權思潮導論。台北：秀威資訊。2007。

12.卓春英主編。2009台灣人權論壇——理論與實務對話。台北：巨流圖書。2010。

13.周桂田。全球化與全球在地化——現代的弔詭。引自http://www2.tku.edu.tw/~tddx/center/link/grobole_and_ginland.htm

14.周玟琪、劉進興。積極性的社福政策。自由時報，2002年5月20日。2002。

15.香港社會服務聯會。促進社會投資，落實以民爲本。2006年向香港特別行政區長官提交之週年建議書。2006。

16.張苙雲。醫療與社會。出於瞿海源、王振寰主編（2009）。社會學與台灣社會。台北：巨流圖書。2009。

17.萬育維、陳秋山譯。社會工作實務的全球觀點。台北：洪葉文化。2006。

18.傅立葉。積極性社會福利政策的內涵——思索台灣福利政策下階段的發展方向。台北：台灣智庫。2005。

19.喻維欣。家庭。出於瞿海源、王振寰主編（2009）。社會學與台灣社會。台北：巨流圖書。2009。

20.賴兩陽（不詳）。經濟優先，社福更不能緩——全球化下社會政策的影響與出路。引自http://sowf.moi.gov.tw/19/quarterly/data/102/06.htm，97年3月

11日。

21.瞿海源、王振寰主編。社會學與台灣社會。台北：巨流圖書。2009。

22.蘇錦輝。弱勢者人權與社會工作。台北：巨流圖書。2010。

23.Harris, P. B., Long, S. O., and Fujii, M. (1998). Men and elder care in Japan: a ripple of change? *Journal of Cross-Cultural Gerontology. 13*(2), 177-198.

24.United Nations (1994). *Human Rights and Social Work: A Manual for School of Social Work and the Social Work Profession.* NY: United Nations Publication.

問題討論

1.您認爲台灣目前的社會圖像爲何？將面臨的社會挑戰是什麼？

2.東西方國家有不同的社會福利意識形態，您比較認同的社會福利意識形態是什麼？爲什麼？

3.您認爲社會福利與人權的關係爲何？執政者應如何重視人民的福利權？

4.請說明目前台灣社會福利的內涵，有何不足之處？

5.完善社會福利的要素爲何？台灣是否具備這些要素？

台灣的環境

長榮大學職業安全與衛生學系　洪慶宜

前言

台灣因爲特殊的地理位置與地形，造就多樣性的氣候與棲地形態，這樣的自然環境讓台灣擁有多樣化的特殊景觀與生物物種，這是這塊土地提供給住民們豐富的生存資源。然而，因爲過去的統治者並未有長期立命台灣的打算，壓榨資源、心向境外的做法，讓台灣自然資源大量破壞，環境受到嚴重汙染。長期與土地脫離的教育及倫理養成，更讓大多數住民對環境問題漠視。環保署的設立與環保法規的建置，讓台灣環境保護持續向前邁進。然而，在民主、多元化的台灣社會，要提升台灣的環境品質，確保永續環境的發展，住民的覺醒與積極參與仍是最重要的關鍵。本篇文章將首先回顧台灣自然環境特色與環境威脅問題，並進而介紹台灣的環保運動、環保政策與未來應強化的方向。

台灣自然環境特色

台灣位在菲律賓海板塊與歐亞板塊交界處，在板塊推擠下，土地上有多座火山及遍布南北的溫泉，而地震活動也相當活躍，每年地震數量超過百次（楊建夫，2001）。

台灣屬於多島嶼國家，台灣本島屬高山島嶼，擁有200多座3000公尺以上高山，相對於36000平方公里的面積來說，高山密度之高，位居世界第一，形成山多平原少的地形景觀。台灣山地位置稍微偏東，依山脈衍生的完整性，大致可分成中央山脈、雪山山脈、玉山山脈、阿里山山脈和海岸山脈等五大山脈，以及西北方的大屯火山。其中，玉山高39520尺，不但是台灣第一高峰，也是大東亞第一高山（楊建夫，2001）。

台灣這個多島嶼國家，除了本島外，尙包含擁有64座島嶼的澎湖群島，以及基隆嶼與北方三島、龜山島、綠島、蘭嶼、小琉球、東沙群島、馬祖列島、金門島等其他21座島嶼（倪進誠，2003）。

台灣位於亞熱帶地區，氣候溫暖，因爲北回歸線通過嘉義水上鄉與花蓮玉里鄉，使得緯度差距不大的台灣，其北部與南部的氣候並不完全相同，南部地區四季溫度變化較小，偏向於熱帶型氣候；而北部季節溫度變化較大，冬季寒冷、夏季炎熱，屬於亞熱帶天氣類型。台灣海島型地形，有別於其他同處於南、北回歸線的乾燥氣候，台灣雨量充沛，但卻集中於颱風與梅雨季，特別是颱風所帶來的雨量，約占全年雨量的一半，在數日間降下大雨，雖供應重要的水資源，卻也造成嚴重的氣象災害（涂建翊等，2003）。

台灣因爲地形多樣，有高山、丘嶺、平原、湖泊、溪流、河口、海岸，溫度與雨量在時間與空間上也多樣，造成生態上有多樣的棲地環境，在面積不大的土地上，孕育了多樣化的生物組成。

近年來平均頻繁之大災變

台灣處於兩大板塊碰撞地帶，地質破碎且多斷層，加上降雨量大且集中，塑造出豐富珍貴且多樣的地形、地質景觀，然而也因此，台灣山脈地質脆弱。在台灣歷史上多次政權更替中的大量移民，當有限的平原過量開發後，山區也逐漸開發爲農場、茶園、遊樂區、水庫等，使颱風、豪雨、地震等大自然的力量，每每造成山崩、地滑、土石流、土壤沖蝕、淹水災害等（林俊全，2004）。近年來災變更加頻繁，造成的人命與財產損失也愈加嚴重，這些災變包含：1990年台東的紅葉災變、1996年的賀伯颱風、1997年的溫妮颱風、1999年的九二一大地震、2000年的象神颱風、2001年的桃芝、納莉颱風、2004年的敏督利、艾莉颱風、2009年的莫拉克颱風、2010年的凡納比颱風與梅姬颱風。這些天然災害除了極端氣候等自然因素外，也有人爲的成因。陳玉峰、張豐年（2002）認爲，台灣山林開發破壞已超過天然復健的臨界點，可說是「人爲造災運動」。被大雨沖刷下來的土石，並不是自願，而是因爲人們過度砍伐穩固土壤的林木，以瀝青、混凝土的路面切割原來透水的土地，也就是「土石流事實上是被迫害者，而非破壞者」。

對山林破壞以伐木爲始，早在日治時期就開始林業開發，台灣是當時日本版圖唯一的熱帶林業地域，當時的三大林場太平山、阿里山、八仙山，主要伐木以高山針葉林爲主，如檜木、扁柏等，伐木面積達到18000公頃。對原始林相的破壞並未因國民政府執政而停止步伐，1965年開始20年的「林相變更」及1983年開展的「林相改良」，以造林爲名，實際上是站在經濟林木立場，來進行天然林摧毀的開發行動（陳玉峰、張豐年，2002）。在1912到1999年間，日本、國民政府先後的林業政策，終結了台灣的檜木林。

除了伐木外，1980年代開始的農業上山問題也是造成山林破壞的原因，山坡地整地後大量種植茶樹、檳榔、寒帶水果、蔬菜，也伴隨大規模的山區產業道路的開鑿，雖然創造了山林的經濟產值，但農藥、肥料汙染水源，相對淺根的經濟作物也造成水土保持的危機，使山地農業政策的整體效益受到懷疑。1991到1993年間，陳玉峰等即提出大災難預告，他們認爲茶農每淨賺一塊錢，台灣社會將付出37～44元社會成本。對照近年颱風造成的大規模土石流、走山的巨大損失，生態學者們的預言不僅正確，且社會成本可能比原先推估的還要高出許多。

海岸破壞與汙染

四面環海的台灣，海洋資源的保護應該是立命於這塊土地的要務，然而因爲土地取得容易、接近港口運輸方便、靠近海邊廢水排放容易等因素，政府與住民不斷的與海爭地，以海埔新生地的方式來發展工業與漁牧。台灣早期的高雄臨海工業區、安平工業區、林園工業區、台中港工業區、大園工業區、彰濱工業區、麥寮工業區等（張長義，*1998*），到近期引發爭議與抗爭的彰化國光石化開發案均設於海岸地區，又如火力發電廠、核能發電廠等大型能源設施，港口、漁港、大型機場、濱海公路等交通運輸設施的興建，都讓自然海岸改變，使孕育水生動物的大量溼地消失，也流失沙灘上的海砂，不僅影響近海漁業產量，也使海岸觀光的發展受限。沿海養殖漁業的發展，更引發嚴重的地層下陷問題，使「逢雨就淹」成爲海邊住民的夢魘。

海、陸水體交接的河口地區屬於河川下游，河川集水區的廢汙水汙染皆匯集在河口區域入海，台灣因普遍公共汙水下水道建設率偏低，事業數目多且廢水性質複雜，加上稽查管制未竟妥善，河川普遍呈現汙染現象。以南部列爲重點整治河川的急水溪、鹽水溪、二仁溪及阿公店溪爲例，這些水系因長期承受生活汙水、畜牧廢水及工業廢水等汙染，目前呈現汙染較爲嚴重情形，根據2009年環保署河川的監測數據，急水溪、鹽水溪、二仁溪及阿公店溪這四條河川嚴重汙染長度比例分別爲百31.2%、31.9%、60.3%及45%；中度汙染比例分別爲53.8%、45.8%、38.4%及36.7%（行政院環保署，*2010*）。除了河川帶來的陸源汙染外，海港的船舶油汙、漁市場廢汙水、解體船油汙、海洋放流管、近海船難事件等，皆爲台灣周邊的海洋環境帶來威脅。

掠奪式的國土規劃

從我們長期對山林粗魯的開發及對海岸破壞與汙染的方式，可說是以掠奪式的在經營台灣這一塊土地。早期台灣的原住民仍能依循自然率來發展，但到東、西霸權、重商主義的次殖民地時期，先有明鄭時期的「呷碗內、看碗外」的反清復明國策。到清朝時邊緣化台灣的治理，派任台灣的官員大多以攫取自身利益爲先，對原住民區域則採取封山政策，放任後到台灣的移民越區開發，養成住民「違法而就地合法」、「先占先贏」的土地及資源利用文化。到20世紀前半葉的日治時期，統治者以農業台灣來發展工業日本，台灣成爲日本帝國主義的南進基地。20世紀後半葉，二次世界大戰後的國民政府領台時期，以農林培養工商，台灣成爲反攻大陸的跳板。這一長串的台灣統治者，以過客心態來經營這塊土地，除了以掠奪式的規劃土地與自然資源用途，連帶的也未養成住民們尊重土地、保護大自然的使命感。

台灣的環保運動

在追求經濟成長、發展工商的國家政策下，台灣在1960、1970年代接收歐洲、美國、日本等先進國家的高汙染產業，這些汙染產業因爲頻頻發生公害汙染事件及當地環保意識抬頭，尋求在開發中國家繼續生產。當時的台灣因爲汙染防治及管理制度尙未完善，擁抱了這些高汙染產業，但也承受了這些工廠產生的汙染與公害問題。到了1980年代，台灣人民在忍受10、20年的工廠汙染後，終於爆發一連串反汙染、反公害的環保運動，以對抗財團及國家機器的聯合開發及汙染行動，這些自力救濟行動以台中「反三晃農藥廠運動」、新竹「反李長榮化工廠」、鹿港「反杜邦」、高雄後勁「反五輕」、宜蘭「反六輕」及反核運動最具代表性（陳進金，2008），在早期尚未完全民主化的社會氛圍裡，這些高張力的環保運動也成爲引領台灣民主化過程的社會運動之一。

台灣環境保護行政體系

台灣完整的政府環境保護體系一直到1987年才建立起來。在1971年以前，中央由內政部設衛生司，地方由衛生局第二課辦理環境衛生業務，此一階段，我國公害防治工作以環境衛生爲主。1971年行政院衛生署成立，其環境衛生處掌理：1.公共衛生指導及監督事項；2.垃圾、水肥、環境衛生殺蟲劑之管理事項；3.空氣汙染、水汙染及噪音；此階段期間，我國公害防治工作之權責是依防治對象，如空氣、水、噪音來劃分。1982年行政院衛生署環境保護局成立，除掌理原環境衛生處空氣汙染及環境衛生業務外，並將原屬經濟部的水汙染防治業務及警政署的交通噪音管制業務併入該局統籌掌理，另新增環境影響評估及毒性物質管制業務。也基於事實需要成立南區環境保護監視中心，負責執行全國性與涉及省市間及示範性公害防治業務。1987年行政院衛生署環境保護局升格爲行政院環境保護署，下設七個業務處（綜合計畫處、空氣品質保護及噪音管制處、水質保護處、廢棄物管理處、環境衛生及毒物管理處、管制考核及糾紛處理處、環境監測及資訊處）。各縣市政府則於1988至1990年間逐步設立環境保護局，強化環保工作基層執行能力（行政院環保署，2010）。現今的台灣環境保護行政體系架構如圖一所示。

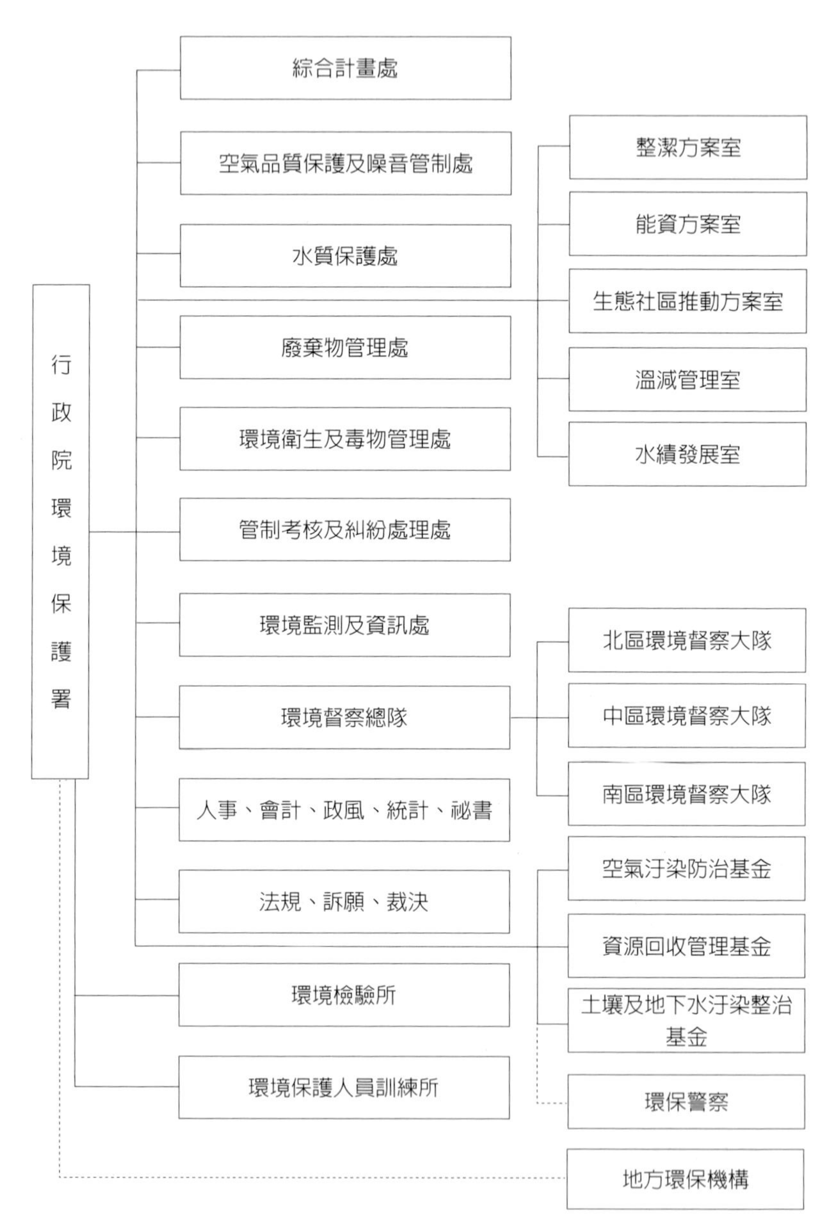

圖一　我國的環境保護行政體系架構

在環保法規方面，政府於2002年訂定「環境基本法」，揭櫫「經濟、科技及社會發展均應兼顧環境保護。但經濟、科技及社會發展對環境有嚴重不良影響或有危害之虞者，應以環境保護優先」、「維護環境資源，追求永續發展」等原則，以做爲環保規劃的上位法規。在預防開發行爲造成環境破壞上，於1994年訂定「環境影響評估法」。在各項管制項目上，有早期衛生署環境衛生處時代就有的「空氣汙染防制法」（1975年）、「水汙染防治法」（1974年）、「廢棄物清理法」（1974年）、「飲用水管理條例」（1972年）；衛生署環保局時代的「噪音管制法」（1983年）、「毒性化學物質管理法」（1986年）。這些早期就制定的法規在行政院環保署及縣市環保局成立後，也隨之調整中央、地方主管機關角色。在時代的更替中，也隨新的環保知識、環保意識、管理策略不斷的修法調整條文，甚至訂定新的法規來因應需求。有鑑於公害造成的人民權益損害處理需有法規依循，1992年制定處理公害救濟的「公害糾紛處理法」，1997年訂定「環境用藥管理法」。而2000年訂定的「海洋汙染防治法」著重於保護海洋環境，同年（2000年）的「土壤及地下水汙染整治法」，則以法規來規範受汙染場址的管理、整治程序與整治經費來源。爲強化廢棄物的回收再利用，2002年訂定的「資源回收再利用法」則是有別於大多數環保法規以公害防制與處理爲主的功能，採取以汙染預防的策略來減量汙染的產生。爲讓環保教育普及且落實，2010年更制定「環境教育法」，讓環境教育的推動提升到法律層級。台灣環境保護法規架構如圖二所示。

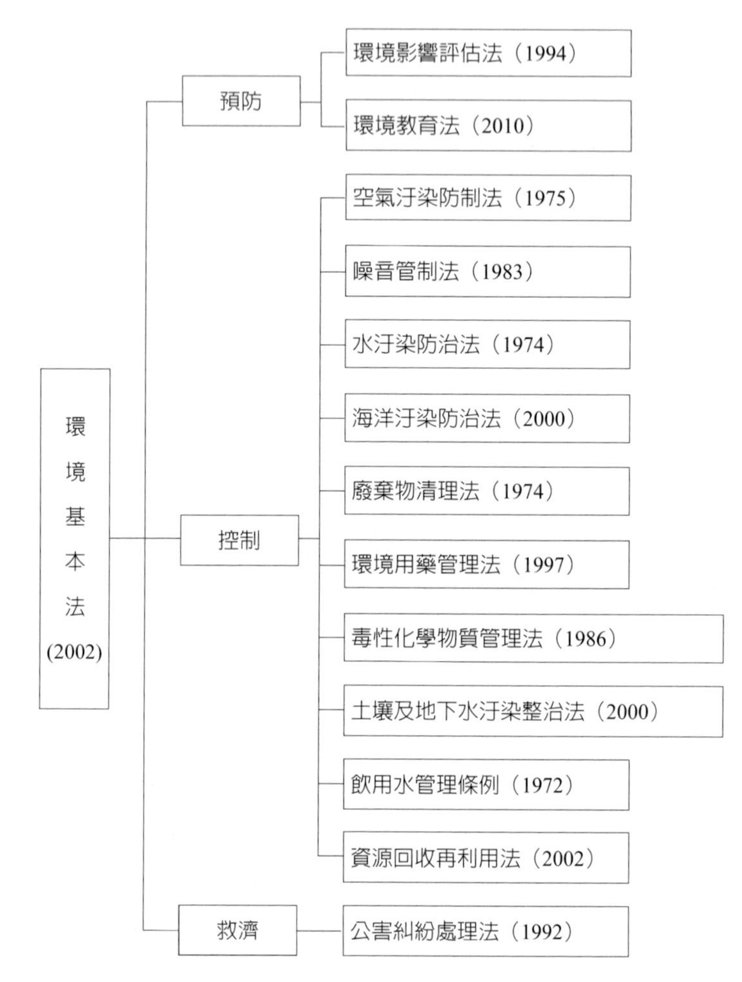

圖二　我國的環境保護法規架構

除法規外，環保署也採取各項環境管理策略來強化環保，如定期監測與發布空氣與水質品質、建立公害陳情專線促進民眾監督汙染源、推動環境教育、編撰環境年報與環保白皮書等，在政府行政e化的今日，讀者可以由環保署網站搜尋到最新的環保資訊。

在各項環境保護中，筆者長年投入河川汙染整治工作，特別是規劃與建置民眾參與河川整治工作的部分，呼應台灣的民主化與公民社會理念，以下回顧河川汙染問題與推動經驗，或許讀者可就河川環保一窺台灣環境保護的問題與解決對策。

河川汙染問題

醫師要治療病人，必須清楚掌握生病的原因，才能對症下藥；要整治河川，也要對河川的汙染源及汙染成因做清楚探究，才能擬定有效的短程及長程整治方案。在進一步探討河川病因前，我們應該先有一些基本認知：1.有人為活動就一定會產生汙染；2.汙染排入水體如果超過自然可以承受的限量（自淨能力），河川就會開始呈現汙染的情形；3.水量越少，自淨能力越低，汙染物濃度也會越高。

所以，要解決河川汙染的問題要思考的方向應該是：1.誠實面對汙染——我們必須體認每個人都是汙染貢獻者，不只我們日常生活會排出生活汙水汙染河川，維繫我們生活品質的科技、食物等消費產品，必須耗費水資源來製造，也可能排放製程廢水造成水體汙染。2.控制汙染在河川自淨能力可以承受的範圍——如果能減少排入河川的汙染，增加河川的自淨能力，那麼水體將不會顯現汙染的情形。3.水質與水量必須一起考量——河川中流動的水（基流量）越少，汙染濃度越高。這就像同樣一瓢鹽巴，放在小碗水中會很鹹，而如果放在浴缸水中，便一點都感覺不出鹹味一樣。

水質及水量像孿生兄弟一樣分不開，但在我國的行政分工，卻偏偏把這兩兄弟託給不同的養父母來照顧，管理水量的水利單位在水源需求增加，水質又差到無法及時處理的時候，就會到更上游去蓋水壩擋水，而造成水庫以下基流量偏低。所以我們在中、下游看到在河川中流動的水，幾乎都是家戶、農田、工廠使用過的水。在小碗水中加鹽巴，難怪環保單位疲於奔命，還是無法阻止河川環境惡化，水質及水量這對難兄難弟也因此落入惡性循環，管水質的怪水量不足，管水量的怪水質不好，卻忘記攣生兄弟本應共榮才能生存。

河川整治必須打破政府業務分工的介面，才有可能達到水質、水量同時考量的均衡。中央部會分工有其專業及組織的考量，但此分工在地方政府層面若能獲得整合，則河川流域的環境管理將獲得事半功倍的成效。除了水質、水量兼顧需牽扯環保及水利單位，生活汙水如果要獲得徹底改善，則有賴汙水下水道的全面建設，目前這又屬於內政部營建署的法定業管。平心而論，環保署雖負責推動河川汙染整治工作，但直接可施力點卻顯得有限。在民主社會地方自治的精神下，仍應由地方政府負責環境品質的成敗，如果民選首長能積極涉入流域環境管理的事務，方能有效打破政府業務分工的介面，這是筆者認爲在水汙染法規上必須尋求的機制面突破。特別是跨轄區的河川整治工作，當不同縣市的環保局執行水汙染管制的積極度不一，或地方政府中其他機關對河川整治事務採取不同的態度，將導致河川管理出現漏洞與互推皮球情形。流域環境管理事務因跨縣市政府各處室業管，若能取得地方首長對河川環境保護的承諾，預期將更容易推展各項工作。2005年11月環保署長邀請高雄縣、台南縣、台南市首長及水利署署長共同爲二仁溪願景宣言簽署同意書，即參考國外流域管理模式，將河川流域管理的責任提升至首長層級，簽訂各時期須達成的目標協議書，使首長對水環境品質改善作出承諾，執行的結果並直接受選民所公評。

雖然我國水汙染防治法規完備，但由河川的汙染情形卻也顯現出法規在執行面、功能面及機制面有其盲點，筆者認爲以台灣經濟及科技能力，河川環境品質問題並不是因爲整治技術的不足，而是在管理策略上出了問題，也唯有在流域管理上有所突破，方能確保河川汙染整治工程的順利完成。

民眾參與河川環境保護

隨著社會的開放及政治的民主化，政府對人民的行政措施亦由過去「由上而下」的推動方式，朝向「由下而上」的思考。環境管理就像其他政府行政作為一般，也隨著台灣政治氣氛的開放，受著「人民做主」這樣的精神所洗禮。河川保育工作的推動更需要民眾的參與，誠如Heathcote（*1998*）在《整合性流域管理》（Integrated Watershed Management）一書中列舉思想家Bruce Bishop早在1970年就提出的論點：「水資源的規劃管理因為涉及經濟型態的變革，事實上就是一個社會改革的過程，而若社會中的組成分子對於改造社會的迫切性無法取得共識，則這個社會將無法獲得改造」。所以，水資源規劃的重點並不在規劃的產物，而是在規劃過程中，水資源管理決策是否取得大多數民眾的共識。

民眾對於環境狀況的滿意度，往往取決於自身對環境舒適度的感受，故對推動各項環境保護工作的優先順序、需配合的公共資源及容許完成的時效，需先由民眾產生共識，凝聚眾人的個別主觀後，成為環境改造的原動力。環境問題的地理空間有其地方性與跨地域性的特點，其空間範圍不一定受現有的行政轄區所界定，故若要對汙染者產生嚇阻，並達到環境改善的目的，唯有透過對汙染問題長期觀察，甚而身受其害的當地人，串聯各地域關切此問題的人士，化關切為行動力，改造方能達成。

受汙染的河川普遍缺乏公共汙水下水道，事業水汙染管制也尚不徹底，民眾對河川水環境保護的觀念亦不足。如此，使得流域內每個人都成為附加河川負荷的加害者，亦是水體環境破壞後的受害者，而要使河川水質獲得明顯改善，將需要提升民眾對河川環境之關切，改變流域內民眾的生活習慣（如使用水槽濾網、油鍋擦拭、垃圾減量等），也或將對部分民眾權益產生衝擊（如公共下水道系統鋪設之用地增收及施工不便，及因水汙染管制所產生的經濟衝擊），可說是流域內的一項革命性工程，也需流域內的民眾對河川環境改善的急迫性有共識，水體品質方能獲得改造。所以汙染整治工程唯有透過流域內各水體環境權益關係人相互合作、討論、協調，方能採取一個衝擊最小、環境受益最大的水體環境改善方案。但要流域內各權益關係人願意開誠布公來討論提升河川水質的策略，並堅守承諾據以執行，則需先醞釀、激發出一股向上提升環境品質的民意。

由2002年起，筆者投入設計河川志工巡守架構與機制，最主要就是要將冷漠的民眾帶到河川旁，去思考河川的問題及解決問題的方法，進而達到民眾參與流域環境管理的工作。河川之所以長期受不肖業者汙染，很重要的原因在於民眾對河川失去情感、對政府取締汙染失去信心。民眾普遍且長期漠視的結果，使抵制汙染的聲音無法匯聚成主流，造成不肖業者肆無忌憚的非法排放。筆者希望能透過志工巡守計畫及汙染通報系統的建立，串聯愛鄉護水的個人，由點而面，重新累積起流域內的住民對河川的情感。

現階段，因爲事業不正常排放廢水情事仍多，且相對於數量眾多的工廠及畜牧場，環保稽查人員數量仍顯不足。如果民眾對河川的關懷可以表現在協同巡守的行動上，透過在地觀察，將汙染源的範圍及頻率提供給環保稽查單位，將可以使事業管制更有效率。由政府邀請民間組成河川巡守隊，經過不斷增加的巡守志工，由累積的單點形成一個網狀的監控，可以使不法業者因爲公眾的監看而收斂違法偷排的行爲。由於志工投入水環境守護的區域都是自家或工作場域附近，所以平時較能就近監看，對於河川的改變也較敏感，且也較易發現汙染者，於違法汙染排放時即時舉報，就能達到有效嚇阻的作用。藉由鼓勵民眾參與河川巡守工作，引發其關心河川汙染狀況及參與討論河川整治的可行措施，進而自願負擔河川整治的成本，如此不但將有助於確保廢汙水理設施的正常操作，也將成爲公共汙水下水道建設、汙染場址整治、生態復育等工程的推手。

結論

過去數十年，台灣社會一味追求經濟及工業發展，然而這個過程卻犧牲了許多台灣寶貴的自然資源，環境品質、生態多樣性也大幅下降。原本在人口密集、發展中小企業的大環境下，要同時保有環境品質就不容易，但過去政府長期環保基本設施建設落後，又使社會瀰漫追求近利及物化的價值觀，是無可推諉的人爲因素。由台灣西半部各河川汙染的程度就可以看到過去政府對土地的不負責任，也可以反思「愛台灣」口號的落實程度；過去河川長期的嚴重汙染狀況，也代表住民薄弱的土地觀念。「在什麼樣的河川旁邊，就住著什麼樣的人」，如果大多數的國人都漠視自己的環境權益受到侵害，不願意挺身保護安身樂命的鄉土，也無怪乎環境品質低落了。

要使原就汙染情形嚴重的河川進行改善，需有效控制汙染源，在環境管理面上，必須加強事業水汙染源管制，嚇阻不法偷排；在工程面上，必須加速公共汙水下水道建設。但因河川汙染根本成因在國人對這項自然、公共資源的冷漠，除了這些傳統上公部門應採取的河川汙染整治策略外，也需提升民眾對河川環境的關切以確保環境管理面及工程面的作爲，公共行政由下而上的政策形成，已是世界潮流之一，要讓台灣環境永續，就必須要國民積極參與環境守護。

參考文獻

1.楊建夫。台灣的山脈。台北：遠足／故鄉合作出版。2001。

2.倪進誠。台灣的離島。台北：遠足／故鄉合作出版。2003。

3.涂建翊、余嘉裕、周佳。台灣的氣候。台北：遠足／故鄉合作出版。2003。

4.林俊全。台灣的天然災害。台北：遠足／故鄉合作出版。2004。

5.陳玉峰、張豐年。21世紀台灣主流的土石亂流—台灣山地災變解析以及災後人造孽，台灣自然生態叢書。台北：前衛出版社。2002。

6.張長義。台灣海岸地區環境問題，施信民（編）：海岸危機。台灣：晨星出版社。1998

7.行政院環境保護署。行政院環境保護署網頁，http://www.epa.gov.tw。2010。

8.陳進金。台灣社會運動，再現台灣：49。台灣：莎士比亞文化事業。2008。

9.Heathcote, I.W. (1998) *Integrated Watershed Management: Principles and Practice*. 424pp. Wiley.

問題討論

1.台灣自然環境的特色爲何？

2.爲何生態學者陳玉峰稱越來越頻繁的天然災害爲「人爲造災運動」？

3.哪一些開發行爲破壞台灣的山林？

4.簡述台灣海岸與海洋遭受破壞的情形。

5.爲何整治河川的過程需要推動民眾參與工作？

台灣的生態

長榮大學校長　陳錦生

前言

台灣位於北緯21～25度間，屬熱帶及亞熱帶氣候，深受洋流及季風之調節，形成潮溼溫暖的環境，適合森林生長。加上地形上受菲律賓板塊褶曲運動的影響，形成自海平面到近4000公尺高的陡峻山勢，使得台灣得以擁有熱帶、亞熱帶、溫帶和寒帶的氣候和生物相。全島長394公里，中央山脈貫穿南北，造成東西部氣候之差異；而北回歸線橫跨南北，也造成南北氣候之差異。氣候、地形、土壤等種種環境因素影響了動物和植物的分布，造就了台灣獨特的生態環境。也因此，台灣有很高的物種歧異度（diversity）；目前台灣約有4000種維管束植物和包括昆蟲在內近十萬種動物。一個坐落在大洋中的小小海島，竟然青翠高山林立，物種豐富，難怪當16世紀時，葡萄牙的水手航經台灣外海時，不禁喊出：「Ilha Formosa!」（美麗之島）的讚嘆聲，也使得Formosa成爲台灣的代名詞。

台灣的生態特色

台灣的生態有許多與其他地區不同的特色，根據李培芬、郭城孟等教授的研究，台灣的生態具有下列幾樣特色：

一、北回歸線上少見的森林

比較全世界同緯度各地區的生態環境，在美洲爲墨西哥高原，在非洲、中東爲沙漠，在印度則爲半沙漠、疏林或季雨林，這些地區都不利於複層森林的發育，唯一可與台灣比擬的只有雲南與緬甸交界一帶，該地因西南氣流帶來充沛的雨量而維持著複層森林的形態。而北回歸線通過中南部，使台灣氣候分成熱帶和亞熱帶區，再加上高山林立，也提供了溫帶至寒帶的各類生態條件。

二、坡陡多山細膩分化的棲息環境

台灣的山勢高低起伏，1000公尺以上的區域占台灣全島三分之一，3000公尺以上高山眾多，山頭林立，形成一座座的生物棲息島，山與山之間甚至每一山頭都可形成許多微環境，這些變化多端的因素，提供了不同樣式、細膩的棲息環境，這是台灣生物非常多樣化的原因之一。

三、物種歧異度高

台灣土地面積僅36000平方公里，而維管束植物種類約4000種，和鄰近的國家相較並不算多，但若同時考慮土地面積，則可見其單位面積種數（種密度）之高，在全世界很少出其右者，高過美國、中國、日本與歐洲各國。由於台灣環境的獨特性，各類生物的特有種比率也多在20%以上。如：台灣維管束植物特有種比例世界排名第21；哺乳類排名第15；鳥類排名第20；爬蟲類排名第24；兩生類排名第22。其原因除生態條件提供多樣性空間外，地質條件也有關係。

四、特殊的地理位置

台灣的地理位置相當特殊，是北方溫帶環境的南緣和南方熱帶環境的北限、是北方南下寒冷洋流和南方北上溫暖洋流的交會帶、是海洋板塊和大陸板塊的交界。這些不同環境相會的特質，使得台灣兼具雙邊的色彩。如果台灣的位置往北方偏，則熱帶的環境將消失，也將不會有四季如春的「恆春」。如果往南偏移一些，針葉林的環境無法進入台灣，或是進入台灣之後無法存留，林相會和今日之菲律賓相似；此外，冬天溫度不夠低，山區飄雪的景色也將隨之消失。

五、孑遺生物眾多

台灣島約在第四紀初浮出水面，其間部分時期與大陸相連，因此歐亞大陸第三紀古老物種得以進入台灣；之後有四次規模較大的冰河期，台灣都未覆冰，所以其生態環境未受到毀滅式的傷害。一萬多年前最後一次冰河北退之後，地球氣溫回暖，逐漸上升的溫度使得適應冷涼的物種部分向北遷移，部分則移往高海拔地區，造成了高山生態環境和北方生態環境相似的事實。而台灣高山起伏，往高處遷移的物種，分散到各個山頭生存下來，於是形成不連續分布的現象。而位於中海拔偏高一點的涼溫帶針葉林帶，即檜林帶，正是當時氣候的寫照，因此區內有許多當時的種類得以存活，如櫻花鉤吻鮭、台灣杉、紅豆杉等，這也是此一林帶古老、孑遺生物眾多的原因。

六、具有許多山地池沼

檜木林帶由於降水量豐富，在兩山鞍部窪地排水不良的地方易形成山地池沼，這是由於陡峭的地形和豐富的降水所造成的，由於位處陸域森林之中，就像林海中的孤島，形成相當獨特的水生生態系。池沼彼此之間由於相距甚遠，物種基因無法自然交流，極易出現獨立演化的情形，所以不但台灣本身具有島嶼的生態特性，她的每一座高山與每一個山地池沼也同樣都具有島嶼特性，例如位於新竹、宜蘭兩縣交界處的鴛鴦湖，即為屬於檜木林帶的山地池沼，池四周為檜木林所環繞，環境冷涼潮溼，樹幹與樹枝滿布苔蘚植物，形成所謂的苔林；山地池沼與苔林都是檜木林帶的特色，生活於其間的種類有些是台灣其他地區所沒有的。

七、北半球生態系的縮影

北回歸線從台灣攔腰而過，低海拔地區因此形成亞熱帶森林生態體系；而南端的恆春半島恰為熱帶地區北界，許多熱帶植物的種子隨著洋流北上，在沿岸形成具有熱帶氣息的海漂林。地處亞熱帶的台灣，正是南方熱帶和北方溫帶的交界處，熱帶植物多分布在南部且向北遞減，而溫帶植物則偏在北部，向南逐漸減少，這是台灣低海拔地區生態環境有區域性分化的主要因素。此外，中央山脈的縱向阻隔，使得狹長的台灣島東西部亦有其生態差異存在。而在中央脊樑山脈，3000公尺以上的高山林立，因溫度隨海拔上升而遞減，正好提供了暖溫帶至寒原各類生態系之條件。此造成台灣小而局限的土地，卻分化孕育出從赤道到北方極地的各種生態環境，因此台灣具有北半球之各種森林型。這樣的特色，正好提供了研究各種生態系的變化的環境。

八、多颱風、多地震

颱風多是台灣的一大特色，每年春、夏之際，太平洋低氣壓會形成颱風，這些颱風經常帶來強烈的風和大量雨水，嚴重衝擊並破壞生態，有時甚至引起山崩、土石流或水患，造成重大損失。另外，台灣位於太平洋板塊與歐亞大陸板塊交界處，地殼活動的影響，造成台灣多地震的現象，每年發生的有感地震超過百次，災害性的強震約5到10年一次，嚴重時也會破壞生態。如1999年的九二一地震，造成走山、土壤鬆動、房屋倒塌等災難，許多自然景觀和生態組成都被破壞殆盡。

生態系種類

若以生態系的特色來分，又可分爲陸域生態系、水域生態系和沼澤生態系等幾大類，各生態系中又有不同的區分，這些多樣性的生態系，造成不同的生境[1]，也就產生不同的多樣性的生物相。

一、陸域生態系

依序爲：

1.高山寒原，指海拔3400公尺以上的地帶，這地區的生態環境與北極的凍原類似。包括玉山、雪山、大霸尖山和南湖大山等山頭，冬天甚長，常見積雪，冰封季至少四個月，年均溫低於10℃。

2.高山草原，指海拔3000公尺以上的高山地帶，年均溫10℃以下，樹木不易生長，因此遍布耐旱、耐寒的矮小植物。主要組成植物是箭竹和高山芒。棲息的動物種類較少，如特有種的雪山草蜥。

3.針葉林，分布於海拔2500～3000公尺左右，與高緯度地區的針葉林相似，較高海拔處以冷杉爲主，海拔較低處則以台灣鐵杉及台灣雲杉爲主。喬木層下的地被植物則是箭竹、蕨類及蘚苔植物等。動物種類不多，包括帝雉、酒紅朱雀、金翼白眉、岩鷚、雪山草蜥和台灣蜓蜥等。

4.針闊葉混合林，分布於海拔1800～2500公尺的地區，以台灣扁柏、紅檜占優勢，爲第一喬木層。闊葉喬木較矮小，屬於第二喬木層，

---

[1] 生境（habitat）一詞是由美國Grinnell（1917）首先提出，其定義是生物生活的空間和其中全部生態因子的總和。一般指生物居住的地方，或是生物生活的生態地理環境，在動物學中又稱爲棲息地。

如牛樟及九芎等。林下則有灌木與草本植物生長。針闊葉混合林中的動物則包括白面鼯鼠、台灣長鬃山羊、水鹿、台灣黑熊、帝雉、台灣山椒魚等。

5.溫帶闊葉林，台灣的闊葉林四季常綠，屬於常綠闊葉林，不同於典型的溫帶落葉闊葉林。分布於海拔500～1800公尺的地區。氣候溫暖、溼度高，土壤肥沃，植物生長茂盛，以樟科與殼斗科（如櫟屬植物）植物爲主。動物的種類也很多，如深山竹雞、白耳畫眉、山雀、赤腹松鼠、台灣獼猴、山羌等。

6.亞熱帶闊葉林，分在於海拔500公尺以下，以桑科（如榕樹）和樟科（如大葉楠、香楠）植物爲主，森林底層則有許多蕈類生長，是人類活動較頻繁的區域。常見動物有台灣獼猴、松鼠、蝙蝠，以及各種鳥類、蛇、蜥蜴、昆蟲等。

7.熱帶季風林及海岸林則分布於台灣南部的恆春半島、蘭嶼及綠島等地。此區夏季多雨，冬季乾燥多風，年平均雨量約3000公釐以上，年均溫約25℃，屬於熱帶氣候。主要植物有榕屬植物、板根植物及蘭花、蕨類和木質藤本之類附生植物等，部分熱帶海岸植物會以海水傳播種子，故在此可見許多熱帶植物。動物種類也很多。在蘭嶼，較特殊的動物有椰子蟹及珠光鳳蝶等，另外蘭嶼角鴞爲蘭嶼特有種。

8.平地草原主要在台灣西部，雨量集中在夏季，冬季在乾旱與強風的作用下，只能生長耐旱的禾本科雜草，如狗牙根、五節芒、狗尾草等，因而發展出草原生態的景觀。

二、水域生態系

水域生態系包括淡水生態系和海水生態系，也可分爲：

1.溪流生態系，溪流上游，坡度大，水流湍急、水溫低、溶氧量高、pH值高、偏鹼性、有機質含量低。能生活在此環境的生物種類不多，如石蠅、台灣鏟頷魚、台灣鮭魚等。溪流中游，流速漸減，含氧量減少，有機質含量增加，pH值漸減而偏酸性。水溫較高，生物種類較多，有蜉蝣、溪哥、鯉魚等。溪流下游，河面變寬，水流緩慢，溶氧量更少，人類活動增加，因此水中有機物豐富，僅有少數生物生存，如吳郭魚、羅漢魚、大肚魚、紅蟲等。

2.湖泊生態系，靜止水域依光線穿透情形，可分爲湖泊和水潭。在湖泊，有些區域光線無法穿透，主要生產者是矽藻、綠藻和藍綠藻等藻類，消費者以魚類爲主。在池塘，水淺而光線充足，則有一些挺水性植物（如香蒲和慈菇）、浮水性植物（如滿江洪、布袋蓮、水芙蓉等）和沉水性植物（如水蘊草、金魚草、蜈蚣草、舌草等），及其他大型淡水藻類等，消費者以各種魚類、蛙類、節肢動物（如水蚤、蝦、蟹）和軟體動物（如淡水蚌、螺）爲主。

3.潮間帶生態系，潮間帶指海岸高潮線和低潮線之間的地區，陽光充足，有機質多，生物資源豐富。由於潮水漲退的關係，生活於此區的生物都有其特殊的適應方法以抵抗乾燥和海浪衝擊。台灣四面環海，海岸線長達1000多公里，台灣的潮間帶因地形差異可分爲泥岸、沙岸及岩岸等不同的生態景觀。常見生物分別有：文蛤、牡蠣、螃蟹等生物，及鷸、鴴等遷移性水鳥；少數貝類、蟹和環節動物；海葵、珊瑚、海星、螃蟹、熱帶魚等。

4.珊瑚礁，珊瑚礁主要分布在水溫25～29度、南北緯30度之間的礁岩海岸。台灣除了西部沙岸及泥岸地區外，其他地區海岸和離島都有珊瑚礁分布。台灣的珊瑚礁主要分布於墾丁、蘭嶼、綠島及小琉球海域，此區珊瑚礁熱帶魚類約有1500種，北部的亞熱帶珊瑚礁魚類也約有800種。

5.近海區，低潮線以下的水域，其底部爲大陸棚，有充足的陽光透入，又較不受潮汐和海浪影響。主要生產者有昆布、馬尾藻等大型藻類，另外還有珊瑚、螃蟹、龍蝦、魚類等動物，是人類獲取食物和資源的主要場所。

6.遠洋區，遠洋區海水上層，有充足的陽光透入，稱爲透光區，平均深度約爲100公尺，但在少數清澈的海水中，透光區可延伸到兩百公尺。此區生物種類較近海區少，主要以浮游生物、各種魚類、烏賊、鯨魚等爲主。透光區下層爲無光區，因爲陽光透過水層，會逐漸被水吸收。水深超過兩百公尺的水域，沒有充足陽光透入；超過1000公尺深處，光線則無法抵達。由於終年黑暗，溫度低，壓力大，只有少數生物生存，如深海魚類。

三、沼澤生態系

沼澤是排水不良的低地、定期被水淹沒，是陸地和水域的過渡地帶，可分爲內陸的淡水沼澤與位於河流出海口的河口沼澤。淡水沼澤主要由湖泊、水潭淤積而成，水位不會定期升降，如新竹與宜蘭交界的鴛鴦湖地區、墾丁的南仁湖地區等。河口沼澤則位於河口附近，鹽度變化大，水位定期升降，是許多魚蝦繁殖的場所，常見動物有沙蠶、招潮蟹、貝類、彈塗魚和水鳥等。台灣的河口沼澤主要分布於西部沿海地區，較著名的有七美溼地、大肚溪口、四草溼地、曾文溪口等，依植物組成可分爲草澤和林澤。另一個重要的生態系則爲紅樹林，紅樹林植物是生長在熱帶及亞熱帶沿海的耐鹽常綠木本植物，是海邊良好護堤及防風樹種。台灣原有五種紅樹林植物，目前只剩四種，分別爲水筆仔、五梨跤、海茄苳和欖李，已滅絕的有紅茄苳等。台灣最主要的紅樹林在關渡竹圍紅樹林保護區。

就生物相而言，台灣高山地區的生物相與鄰近地區不同，反而接近舊北區，也就是溫帶亞洲、歐洲和喜馬拉雅山地區的物種。異域種化時間長，特有種比率高。可能是在冰河期間冰期來到台灣的溫帶物種，由於氣候回暖而往高山遷移退卻。在數次冰河期間由於海平面下降，台灣也曾經與亞洲大陸數度相連，因此一些古老物種如台灣杉、台灣粗榧、台灣穗花杉等得以遷徙台灣。這些物種在白堊紀至第三紀時曾廣泛分布於北半球，而後由於冰河影響而廣泛滅絕；在幾次冰河期中，台灣都未被冰層覆蓋，因此生物不像在北半球其他地方受到毀滅性的傷害，這些古老物種得以生存於台灣。冰河退卻以後，台灣海峽形成，這些物種避居高山，成爲絕遺物種，逐漸演化成獨特的物種。

而海洋生態系方面，台灣號稱海洋立國，海洋生物多樣性遠遠高於陸地，台灣附近的海域分成：1.東海大海洋生態系；2.南海大海洋生態系；及3.黑潮大海洋生態系。這些海洋生態系各有不同特色，卻都有豐富的海產資源，值得我們進一步經營和保育。

台灣的生態問題

400多年來，台灣歷經荷蘭、西班牙、鄭成功、清朝、日本和中華民國的不同政權統治和開發，許多的土地逐漸因發展而受到破壞。殖民時期，統治者的心態並不是以永久經營爲目的，而國民政府遷台，最初也是把台灣當成反攻的基地和跳板，而且當時的統治階層也沒有永續發展的概念，因此，台灣的生態並未受到應有的重視。過去，由於強調經濟發展，因此破壞了環境，漠視生態保育的研究和教育，不斷強調「人定勝天」的錯誤觀念，使得許多動植物的棲地環境遭到破壞，許多野生動物瀕臨絕種；再加上農業發展使用了大量的農藥，造成空氣、土壤、河川的嚴重汙染，這些多年來造成生態環境的破壞，已很難再恢復。人口的急速成長、人口密密度的增加，造成新的都市崛起，也帶來新的環境問題。台灣目前存在的空氣、水、土壤汙染、地景系統之破碎化與棲地劣質化、珊瑚與森林生態系之破壞、物種滅絕、地層下陷、酸雨以及土石流頻仍等問題仍未解決，而新的生態問題仍然接踵而來。目前和未來即將面臨的生態問題主要有下列幾項：

一、石化工業和高科技產業的擴充

石化工業屬於技術、資本、能源密集之工業，其產業關聯度高，與食、衣、住、行、育、樂等日常生活上需要之各種消費品息息相關，爲民生產業不可或缺的產業之一，在經濟發展上扮演著舉足輕重的角色，亦爲衡量一國競爭力之重要指標，但石化業也相對帶來嚴重的環境問題。台塑六輕的完成已經爲西部海岸帶來空氣汙染、外傘頂洲的流失及農作受損的情形，未來若七輕與八輕按原計畫在七股與布袋如期進行的話，可以預估其對西部沿海的破壞。汙染物的外洩及工安意外事件的發生，也勢必隨著一、二輕廠的老舊而增加。「國光石化」[2]的計畫，目前正受到環保團體和彰化地區民眾的抗議，使得工業局也不敢貿然決策。而另一方面，高科技產業在生產矽晶及元件時所用的化學製程複雜，在增加其產能的過程中所需的有毒化學品（如毒性氣體溶劑）能源與水源越來越多，其汙染環境的風險也越來越高。王功的牡蠣受到汙染、彰化二林的稻米受到重金屬汙染、中科抽取大量地下水，造成地層下陷的危機，這些都是值得注意的生態問題。

二、全球氣候變遷

台灣屬於亞熱帶的海島型自然環境，對於承受氣候變化的影響是非常脆弱的，特別易受衝擊的部分包括海平面上升、水資源不足、公共衛生、生態系統等。海平面上升後，直接造成海岸土地淹沒、海岸侵蝕及海岸線後退，沿海村落必須面臨遷移及接續的社會調適問題。另外，據環保署的估計，台灣國寶檜木林的棲地將減少六成，黑面琵鷺的棲地也將減少三分之一，北部會增加洪水的危機，而南部將面臨缺水問題。影響最大的是海平面上升，特別是南部地區，因爲養殖業的長期抽取地下水，已造成連年一下雨便成災的現象，許多沿海的都市、工業區都會受損，影響經濟

[2] 「國光石化」預定蓋在彰化西南邊，一塊海埔新生地，雖然位置在大城鄉，但沿海的王功和芳苑，居民大多以養蚵爲生，擔心海水遭到汙染，影響生計。因爲國光石化提出將提供在地人2萬個就業機會，工業局也評估可創造4600億的GDP，設廠有助於發展。不過反對者提出，雖然國光石化宣稱能爲地方帶來十多億稅收，但造成的環境汙染，也將衝擊沿海蚵農生計。目前（2010年12月）正在進行二階段環評，經濟部和縣政府都說，石化廠要不要蓋，一切尊重環評結果。

發展甚鉅。而氣候變遷帶來瞬間的大雨，更造成2010年高雄和蘇澳的大水災。過去約20年來，台灣爲提高經濟成長而犧牲環境，以至於台灣個人二氧化碳排放量居世界第三位，20世紀氣候暖化率約爲全球平均值的兩倍。台灣雖未參加「京都議定書」之簽訂，但世界各國絕不會一直坐視台灣排放超量二氧化碳。台灣政府和人民大部分仍不自覺全球氣候暖化之重要性，將來一旦遭受國際報復（例如貿易抵制等），將不知如何因應。

三、農業萎縮

加入世界貿易組織（WTO）後，面對國際間農產品強烈的競爭，台灣農業逐漸轉型與萎縮，加上農地的釋出，將使台灣田野風貌與生態體系改變。傳統農業紛紛轉型爲精緻農業或休閒農業，而和中國簽署ECFA後，是福是禍尚難定論，雖然目前台灣不是中國農產品主要輸出區，但可以預見的是，中國挾其地大、人工便宜的優勢，引進台灣的優良農產品，成立所謂「台灣農業專區」，大規模種植，回銷台灣或與台灣在國際上競爭，將使台灣農業發展更雪上加霜；農地面積減少，也會帶來生態環境的改變。

四、生物技術產品之使用

自從人類基因組[3]計畫完成後，世界已進入生物技術的年代，許多基

[3] Genome基因組（或翻爲基因體），爲人體所有基因之總和。Human Genome Project（HGP人類基因組計畫）主要爲美國及其他國家合作，於2003年完成人體基因組解碼工作，將人體所有染色體之DNA序列解讀成功。

因改造產品陸續進入農業市場，這些產品對生態環境及人體的影響至今還沒有足夠的時間去了解，這些生技產品將會對台灣未來帶來隱憂。而基因作物的種植，也可能帶來一些始料未及的「基因汙染」問題。

五、外來物種的入侵

外來物種是指生物以自體移動，或經由貿易、運輸、旅行等人類活動，無意或被有意的帶離開原棲息地，進入新的地域者。當外來物種來到對他們而言的大陸時，往往會有兩種情況：一者爲不適應生活而遭到淘汰；而另一種情況則爲完全適應新環境而大量生長。基於農業或貿易上的需求，或漁獵育樂與觀賞的需要，某些引進的外來物種已於自然生態環境中建立一穩定族群，可能進而威脅原生物種者。最有名的例子是福壽螺，當初引進時原做爲食用材料，後因效果不佳，被棄置後，竟成農業災難。另一個例子是小花蔓澤蘭，原產於中南美洲，1950年代後期被用做水土保持的覆蓋植物而引進東南亞。台灣最早發現小花蔓澤蘭是1986於屏東萬巒，當時誤以爲是台灣原生種蔓澤蘭而未加重視。後來發現小花蔓澤蘭是一種攀緣性的藤蔓植物，生長速度極快，繁殖力也很強，牠的種子可隨風飄散，還能行無性生殖。一旦小花蔓澤蘭入侵，首先地面及野草會被它覆蓋，再沿著樹木攀爬、纏勒，使樹木無法行光合作用，因此「窒息」而死，其所到之處，幾乎沒有植物可以倖免。現在台灣中部、南部與東部海拔1000公尺以下的山坡地、林班地、廢耕地、果園等，都可見到小花蔓澤蘭大面積的危害，連帶影響該地域野生動物及鳥類棲息，防治工作極爲艱鉅，全面消滅可能性甚低。此外，紅火蟻、美國螯蝦、松材線蟲等都是有名的例子。另外，引進寵物棄養和宗教放生動物等，都有可能造成生態災難。

六、物種滅絕的危機

台灣擁有46000多種生物，物種數量比例是全球所有國家平均值的100倍30年來卻因棲地遭開發破壞等因素，至少造成24種生物滅絕、超過79種生物瀕危。學界一般定義「滅絕」，意指三十年來再也看不到蹤跡的物種，「瀕危」則是族群量少於兩千、分布範圍窄且生存面積明顯縮減。據中研院的調查，台灣滅絕生物，蝴蝶和魚類各占六種，植物和天牛各五種，貝類則有兩種，其他未估計的物種可能也不在少數。主要的原因爲：棲地破壞、過度捕獵、汙染和外來入侵種。過去台灣自然界的梅花鹿曾經滅絕，後經由農政單位以動物園畜養之梅花鹿復育成功，開始放養野外，其他物種如：山羌、台灣百合等瀕危物種亦在進行復育中。

七、山坡地超限利用

由於人口密集，加上台灣地狹人稠，建地取得不易，許多住宅建築逐漸向山區擴張。特別是市郊、鄉鎮的山坡地幾乎都是超限利用，連一些高山風景區的民宿也都如雨後春筍般地大興土木，不僅造成水土保持不良，更破壞了地層的原有結構。更由於大部分山地的山勢陡峭，容易崩塌，加上處於地震帶上，先天就是不利開發的條件，再加上施工品質不佳，一旦有地震或暴雨干擾，土石滑落、崩塌等災害頻傳，不僅直接造成自然環境的消失，同時更嚴重威脅著人類的居住安全。

結語

解決台灣生態的問題，技術層面固然重要，但國人的觀念和態度的改變、執政當局的政策其實更重要；許多生態問題爲全球性的或天然災害，但更多的問題屬於人爲的疏忽、政策的錯誤或故意的破壞。因此，要台灣能永續發展，爲子孫留下一片淨土，我們就不能不建立人與動物、植物、土地共存共榮的觀念，加強生態知識的教育、生態倫理的強調、改變政府和民眾的價值觀。在強調經濟掛帥的同時，雖然政府也成立了環境保護署、農委會等機構，主持環境及生態保育有關的政策和業務，但更重要的是要鼓勵民眾，尤其是民間的環保團體投入公共政策的建言和監督，以避免台灣的生態再趨惡化。如何讓「美麗之島」永續發展，讓每一個來到台灣的人都能像葡萄牙水手一樣驚呼：「Ilha Formosa!」是我們每一個人責無旁貸的任務。

參考文獻

1.李培芬。台灣的生態系。台北：遠足文化。2008。

2.維基百科。台灣生態。

3.郭城孟。台灣的地域生態環境特色。「台灣森林的故事」p.1-19。2005。

問題討論

1.台灣位於熱帶和亞熱帶之間，想想看，有甚麼植物是南部常見而北部不常見的？

2.從嘉義搭車上阿里山，可以看到哪些不同的植物相？

3.就你所知在台灣有哪些是已經滅絕或瀕臨滅絕的物種？可能的原因爲何？

4.台灣目前已有十三座科學園區，但地方政府仍然以徵收農地爲手段，繼續企圖開發科學園區，對於台灣未來的生態環境將有甚麼影響？

5.政府擬議興建「蘇花高速公路」，引起贊成和反對兩面的意見，對於生態維護和地方發展何者重要，你有何看法？

台灣的醫療照護

長榮大學護理學系　吳麗珍

前言

專業的醫療照護或個人對身心健康的維護，均和地理、歷史、文化特性息息相關，也因此台灣的醫療史就是台灣人的歷史。本章主要是介紹台灣的醫療發展史，以台灣歷史爲縱軸，分成幾個時期：在台灣幾千到萬年的原住民的醫療、1683年台灣併入清廷版圖後的中國的傳統醫療（中醫或漢醫）、1865～1895年的傳道醫療、1895～1945年日治時代的醫療，和第二次世界大戰後的台灣醫療。

原住民醫療主要以巫醫和草藥醫治疾病，中醫則混合巫醫、玄學醫療、草藥治療病痛和強身保健。在醫療傳道期，西方傳道師引進現代科學醫療到台灣，經過日本統治時期有計畫、有系統的建立醫學院、全省普遍設立醫院、控制傳染病，以及公共衛生的基礎建設，奠定了台灣科學醫療的基礎。第二次世界大戰後，美援挹注台灣的醫學護理教育，加上1970年代之後台灣經濟起飛，累積了資本，加速台灣醫療的發展，促成今天台灣的醫療照護和醫學研究能和西方接軌。希望這一章能讓讀者對於獨特和豐富的台灣醫療照護史有基本的認識。

一、台灣的醫療照護

從有人類開始，恐怕沒有人一生中從未經歷過病痛，生老病死是人類生命中必然的現象。疾病疼痛雖然是人類的普遍經驗，但是不同時代、不同國家社會、不同地域，甚至同一社會中不同族群的人對疾病症狀的病因，皆有其各自的解釋，也衍生差異非常大的治療照護的方式。基本上，每個群體、次群體或個人，都會以符合其社會文化信念的認知去解釋疾病和致病因素，並以能夠運用的物質和人力資源，去發展出解除病痛、恢復健康的醫療照護模式。另一方面，醫療照護的發展也在改變社會文化。例如，台灣民眾曾相信瘧疾是熱與冷相剋所致，會以冷熱調和的方式治病；發現瘧蚊傳染瘧疾後，住家環境和文化習慣也會因爲要控制蚊蟲而改變。所以，從人類文化學來看，醫療體系是社會文化體系的一環，受到社會文化的影響和塑造，但也在塑造改變社會文化。

台灣獨特的人文地理，塑造台灣特有的醫療發展。在台灣，除了居住6000年以上的原住民和400年來陸續從中國移民到台灣的漢人、荷蘭人、西方醫療傳道士、日本人，都曾在台灣住過一段時間；各個族群在台灣這塊土地上的醫療活動，構成了台灣特殊且豐富的醫療史；在閱讀台灣醫療史資料時，台灣歷史歷歷在目。在地理氣候上，台灣是山巒疊翠、海洋壯麗的美麗島！卻也是夏季炎熱潮溼、瘴癘的溫床，居不得也的地方！高溫溼熱使蚊蟲和疫病叢生，瘧疾、赤痢、傷寒、黃熱病、天花、登革熱等所謂的風土病，都曾使初到台灣的人飽受水土不服的痛苦。在中國漢人移民到台灣的過程有「三在六亡一回頭」之說，意思是說十個從唐山渡過台灣海峽這個黑水溝來到台灣的人中，有三人存活下來留在台灣、六人客死台灣這個異鄉、一個人重回唐山，死亡率相當高。但是，這個100多年前還被認爲不適於居住的地方，今天卻養育了2300百萬人口，台灣公共衛生和醫療發展功不可沒。

雖然台灣有特殊的醫療發展史，但是醫療本身的發展，不分文化皆有其普遍性的軌道，醫療發展可以簡單分成三個發展期，從巫醫、玄學醫療，發展到目前的現代實證醫學。史前時代主要是以巫術治療疾病，在世界任何文化中都可以發現遺跡或紀錄，這個階段可能歷經了千萬年。玄學醫學主要是臆測推想生命和自然現象，以此爲基礎去解釋人體現象和疾病的原因，而產生的保健治療方法，基本上是沒有科學根據的玄想；這個階段也同樣在很多古文明史中可看到，其經歷的時間在不同的文化有很大的差異，有些文化甚至延續至今仍未發展到現代醫學。現代實證醫學的歷史大約500年。本文中，台灣醫療的分期是以台灣歷史爲縱軸的分期，分成原住民的醫療、中醫引進台灣、傳道醫療、日治時代的醫療和第二次世界大戰後的台灣醫療。但是巫醫、玄學醫療、現代科學醫療的觀念會貫穿在全文中。此外，因爲台灣在不同的時代，受到不同外來政權的統治，殖民地思考也會呈現在本文中；1971年後，台灣的醫療發展開始有別於帶有殖民色彩的發展，很多人都身歷其中，只有簡述。

二、原住民的醫療

原住民的巫醫因爲缺乏文字記載，數千年甚至數萬年前的巫醫發展幾乎無法研究。直到日治時代，日本學者對原住民原始醫療才有比較系統的觀察研究紀錄，對於台灣巫醫的樣貌提供非常有價值的資料。數十年來，台灣的人類學家繼續研究台灣的巫醫，訪問現今仍然活著的巫醫和耆老，以及田野觀察記錄巫師的作法祭祀；但是，在全民健保制度下，現代醫療伸入各個城鄉，原住民也普遍使用現代化的醫療體系，傳統醫療變成另類療法，巫醫的醫療方式恐怕也受到現代醫學的影響，而與日治時代日本學者所認識的巫醫有所差異。

台灣的原住民和許多古老的民族或土著一樣，當時科技不發達，面對大自然中狂風暴雨的威力，人的力量相對非常渺小，對自然災害和疾病幾乎束手無策。因此，他們對原始大自然充滿敬畏，普遍相信巫術與超自然力量的存在，時時祈求神靈的保護。台灣原住民屬於泛靈崇拜或唯靈論，相信天地間充滿神靈，如靈魂、祖靈、善靈、惡靈、死靈、精靈，諸神靈各司其職，尤其特別崇拜祖靈。原住民的生活與宗教密切結合，平日耕種打獵或一生中的吉凶禍福均認爲和各種神靈有關，包括疾病疼痛。但是神靈不是決定禍福唯一的因素。原住民群居生活的方式產生了集體主義的社會，也就是部落的利益遠甚於個人的利益；因此，嚴守禮俗、宗教律法、社會規範、禁忌是必要的。遵守規範和禁忌才能得到神靈庇佑，使農作物豐收，使族人平安。反之，個人觸犯禁忌就會觸怒神靈，不只個人會受到懲罰而遭遇不幸，還會帶給整個部落災厄。生病也是違反律法、觸怒神靈所引起，例如，布農族相信違反禁忌而引起嘔吐、咳嗽、耳腫、爛嘴巴、肚子痛、陰戶腫、難產、腰痛、流淚。所以解除病痛就必須靠著介於人和神靈之間的巫師祈禱、驅邪和指示；醫治疾病是巫師或巫醫的職責之一。學習巫術時間從一兩個月到三年，習藝內容主要包括問卜診斷、祭祀祈禱和草藥的識別和採集。雖然宗教、社會規範和巫術祭典是原住民各族維持社會秩序的主要力量，但是每一族的神靈名、祭典儀式、禁忌和神話傳說卻有很大的差異；同樣的，各族的傳統醫療也有差異。

李季順在《走過彩虹》（2003）這本介紹太魯閣族的書中，提到族人相信疾病是觸犯傳統社會律法制度而遷怒祖先靈魂所引起。觸怒的可能是族人自己的祖先靈魂（善靈），或是異族的祖靈。若要治癒疾病，必須先知道病痛是哪一個祖靈所引起，但是一般人無法與祖靈直接溝通，只有透過唯一能與祖靈溝通的巫師做卜詢問祖靈。若是觸怒的是善靈，巫師可以作法或祭祀來表達子孫的敬畏與贖罪，以撫慰祖先靈魂，祈求解除病痛。但是若疾病無法治癒，觸怒的就是異族的祖靈（祖先偷異族人的家畜，禍延子孫），就無法以作法來消除，死亡也無可避免。根據台灣原住民族歷史語言文化大辭典，太魯閣族有以日文拼寫的太魯閣族語所記錄的「醫療祭祠紀錄冊」，主要記載巫醫歷代相傳的祖先（巫醫醫療靈力的來源）和歷代傳承的祭詞內容。在作法儀式中，巫醫依照祭詞進行族人與祖靈之間的對談請求，協助族人和祖靈關係的修好復原，並讓族人知道祖靈的指示和判決。排灣族把嚴重疾病歸因於觸犯禁忌、鬼神、被人作邪術等超自然的力量；但是認爲較輕微、巫師容易治療的感冒、輕微發燒、腹痛等是生理因素引起的。泰雅族把疾病分類爲來自祖靈的懲罰、遺傳，或其他病原；輕者可透過個人或家人的祈禱而痊癒，重者則需要巫醫施術治療；對於老化如耳聾、視力衰退就順其自然，不需求巫醫。

原住民雖然相信巫術和超自然的力量，但是因爲每天和大自然中植物的接觸，也從經驗中學到使用野生植物治療病痛。例如以「白茅」治療頭痛、腹痛、瘧疾、熱病；以「三蕨貓」治療感冒、傷寒、痲疹、婦女血崩；以「生薑根部」治療頭痛、牙痛、腹痛、毒蛇咬傷。菖蒲根幾乎被當成萬靈藥使用，可以內服，也可以治療外傷。治療眼疾的草藥有26種以上，畢竟視力對於打獵非常重要，需要特別保護。從日治時代就有日本學者收錄原住民使用的藥用植物，1924年佐佐木舜一編著《綱要台灣民間藥用植物誌》；1939年山田金野編著《高砂族調查書第六篇・藥用草根木皮》中收錄有300種草藥，中國醫藥大學張永勳教授加以修訂，於2000年出版的《台灣原住民藥用植物彙編》中共有278種藥用植物，書中並記載每一種植物的科名、別名、原住民名稱、成分、原住民認定的效用、用法。主要治療的疾病有頭痛、腹痛、傷寒、痲疹、痢疾、婦女血崩、毒蛇咬傷。但是經過現代藥理學檢驗，發現多種植物的藥理作用並沒有原住民想要達到的療效，用法也不一定正確。雖然如此，識別草藥是原住民以經驗和現有的物質資源去解決病痛的方式，不只是依賴巫醫維護健康。

日治時代之初，東京帝國大學曾派人類學家鳥居龍藏來台做原住民的調查，從1896～1900年，他總共來台灣四次，了解到大多數原住民生活在沒有醫療設備的地區。1903年日軍進入山區征伐未平定的原住民，有公醫隨軍進入山區，但主要是照顧受傷的日軍。1911年日人井上伊之助因爲父親被原住民殺害，決定深入原住民山區做醫療傳道的志業。他不是醫師，只在醫院實習過，但是和原住民相處30年，也累積了診療原住民的經驗，成爲「番地唯一的醫師」。1914年，台灣總督府開始在各「番社」設立診療所，到1923年共設有189個診療所，治療人數達13萬人。另外，台灣總督府醫學校的28屆畢業生中，共培養三位原住民醫師：南志信、林瑞昌、高啓順。其中林瑞昌（泰雅族名字是樂信・瓦旦）擔任公醫，曾服務於高岡、角板山、象鼻、尖石等地，深受原住民愛戴，在1945年被聘當台灣總督府評議員，1952年卻被國民黨政府以「高山族匪諜案」逮捕槍決，令人唏噓。

隨著台灣從農業社會發展成工商社會，鄉村的農業人口大量遷移到都市。自1960年起，原住民也大量的離開家園到都市謀生；因爲教育機會受限，文化生活習慣又迥異於以漢人爲主流的社會，在都市多從事勞力密集、低技術性、高危險性、環境惡劣的工作，職業傷害發生率比較高。留在山地的原住民，其健康情形也較平地人差。原住民最重要的健康問題有：肝病變（農藥汙染、飲酒）是平地人的四倍，意外傷亡、自殺、肺結核是平地人的五倍，現代人有的三高（高血糖、高血脂肪、高血壓）也是原住民常見的問題。原住民死亡率是全台人民的兩倍，平均餘命男性比全台男性少11～15歲，女性則少7～10歲。原住民文化與現代醫療體系的隔離、弱勢經濟影響健康和教育、住在偏遠又孤立的山區看病不易、醫療人員未眞正了解原住民的特殊醫療需求，可能都是影響原住民健康的因素。

三、中醫引進台灣

1661年鄭成功擊退荷蘭人，1683年清朝政府把台灣併入中國版圖，開始了漢人的移民潮，中國的傳統醫學（中醫或漢醫）也跟著引入台灣。之後的200年，針灸、把脈、氣功、推拿、草藥等診治方式爲漢人移民主要的醫療方式。「草藥仙」、跑江湖的密醫、賣膏藥和藥散的都自稱是中醫師。中醫師的養成是師徒制，醫療行爲沒有一定的標準，祖傳祕方或偏方非常盛行。1871年來台灣的馬偕牧師在他的《台灣遙寄》裡曾提到：「不要以爲台灣沒有醫生，此地有許多醫生，縱使其醫術並非科學的，但確實有趣，且具研究價值。此地並無公設之醫學校，能醫治病患就是醫生。從老醫師學習的，或從藥書自學的，都可自設診所行醫，甚至久病也可以開藥方治療其他病人。藥店店員亦可賴自學及經驗給人治病。在事業方面失敗的人，亦可收購藥方而開始行醫……。」事實上，在那個時代，中醫草藥是台灣人僅有的醫療資源。

中醫在醫療發展史上屬於宗教醫療和玄學醫療混合的醫療模式。道教滲入醫療，醫療和星辰、魂魄、風水命理結合，而有道士念咒、收驚、叫魂、香灰、病符、藥籤等治病方式。特別是久病不癒、原因不明的疾病，常被認爲是魂魄失散，需要道士「祭解」或「收驚」收回魂魄，病人才能痊癒。這些宗教醫療儀式雖然和原住民的巫醫祭典不一樣，其實也是一種宗教巫術的醫療。以玄學爲基礎的中醫診療，是從天地、陰陽、四大（地、水、火、風）、五行（金、木、水、火、土）、六氣（風、寒、暑、溼、燥、火），以及「十二經絡」和「五臟六腑」等來解釋身體和病痛。《黃帝內經》、《神農本草經》、《本草綱目》是中醫主要典籍。根據中醫的理論，生病主要是體內某種元素過多或過少而引起寒、虛、熱、火氣大……，透過食補、藥補或特殊療法，可以去毒、調整體質、重獲平衡、恢復健康。治病所用的藥方是透過嘗試錯誤得到的經驗，或對人體虛寒的推測下藥，雖有成功的例子，但是藥材眞正的藥理作用不明，也缺乏臨床實驗的研究。解剖生理學是現代醫學的基礎，但中國視屍體解剖爲大忌，雖然1621年有德國傳教士（Terenz, Jean）將西方的解剖學教科書翻譯成中文，1643年畢拱辰修訂出版《人身概說》成爲中國第一部解剖學書籍，但遭到當時中醫強烈反對，解剖生理學未能對於中醫醫療產生影響。至今，五臟六腑的疾病仍然由中醫師自行解釋，看不見也無法驗證的經絡穴道，在中醫的解讀下充滿了神祕感，給祖傳祕方或偏方很大的空間。缺乏實驗和科學方法驗證產生的中醫理論，無法成爲科學醫學。17世紀以後，世界醫療有很多重大發展，但台灣從1661年鄭成功占領到1865年西方傳教士來台，這段時間台灣醫療停滯在道士治病和玄學醫療，沒有進展，也因此無法與世界接軌。

日本自明治維新後非常重視科學的研究發展，包括醫學。曾經使用中醫2000年的日本，1896年在日本本國禁止新中醫登記，以實施新醫師法，完成醫療現代化。日本治理台灣期間，也開始在台灣推行現代醫學以及制度化的醫療系統。在台灣創立總督府醫學校的山口秀高，對當時台灣的中醫師如此描述：「……他們連生理、病理爲何物都不知；最甚者，更有不識字者，他們只聽患者的陳述，便隨便抓一些草根樹皮塞給患者……那些賣藥行爲是如何貽害我們的社會……」因此，開始規範台灣的中醫，除非經過考試不得執業。台灣於1897年舉行第一次中醫資格考試，1901年公布「台灣醫生免許規則」，要求執業中醫師辦理登記立案，之後就不再發許可執照，並且規定中藥商不得行醫。1924年又公布「按摩術取締規則」和「鍼術灸術營業取締規則」，對於按摩術、柔道整腹術、接骨術、針灸術加以明文規範。1925年加強取締密醫，至1945年，全台灣僅剩40多位合法中醫師，西醫已被台灣民眾接受推崇，成爲醫療主流。1949年國民黨政府被中國共產黨打敗，逃亡到台灣後，以1943年頒布的舊「醫師法」爲醫師執業的法規，其中規定「中西醫在法律上平等」，而且這個舊醫師法對「非醫師」執行醫療業務沒有明文規範其行爲「違法」，等於任何販夫走卒都可以行醫而不違法。政府重新開放中醫師執照，中醫、僞藥與密醫大量出現。蘇新曾寫道：「跟著台灣的光復，什麼都光復了……法師乩童也都光復了，尤其是漢醫光復的特別多。阿貓阿狗，只識些草藥就說他是怎麼高明的漢醫……」在中醫、軍隊的衛生兵和密醫的抗拒下，經過20幾年，新的「醫師法」終於在1975年由行政院命令，開始實施。目前不分學歷仍然可透過中醫師檢定考試、特等考試取得中醫師執照，但檢特考將於2011年廢除。

四、傳道醫學

荷蘭人1624年占領台灣，在台灣38年之中雖有荷蘭醫師來台，但是服務的主要對象是駐守在台灣的荷蘭軍隊或商務人員。當時，也有傳道和醫療服務，但未普及，民眾受惠於荷蘭醫療有限，西醫的醫療技術也未對台灣的醫療發展造成影響。

1865～1895年，在台灣醫療史上被稱爲「醫療傳道期」或「教會醫學時期」。主要是英國和加拿大傳教士，將現代醫學的診療技術引進台灣，是台灣現代科學醫療的萌芽期，也是台灣醫療從玄學進入科學的躍進期。其實，台灣教會醫學的發展並不限於這30年，建立彰化基督教醫院的蘭大衛醫師，1895年才來到台灣，開始他在台灣40年的醫療服務；而且早期醫療傳教的工作仍然持續中，並未在日治時代就間斷，對台灣的醫療影響其實持續至今。這段期間的醫療傳道又被稱爲「半」殖民醫療，主要是西方帝國勢力到處擴展殖民地時，其先進的醫療科技是深入殖民國家的利器之一，但是在1865～1895年期間，台灣並未屬於某一國家的殖民地，這段醫療傳道期還不算是「殖民醫療」。

台灣對西方國家正式開放始於1858年。1858和1860年兩次英法聯軍之役，中國被迫簽訂「天津條約」和「北京條約」，開放淡水、安平港、打狗和基隆港爲通商口岸，打開西方列強國家進入台灣貿易經商之路；西方傳教士也開始來到台灣，本著基督教愛心和人道關懷的服務精神，從母國募款，在台灣展開醫療、傳道、教育、服務的慈善志業。1895年之前來台灣的20位宣教師中，有7位是專業醫師。1945年之前來的人當中，60位宣教師裡有23名是專業醫師，女性宣教師則擔負護士之責。那時，傳教師渡洋來台，面對不同語言文化習俗族群，常常被排斥迫害，加上傳統宗教組織運用當地人脈對抗外來的宗教和西式醫療，使這些醫療傳道者要推行祛除迷信、禁食鴉片、解開女人纏足、改善民眾衛生習慣等，受到很強烈的抗拒。從反殖民角度來看，這些西方傳道醫療者初到台灣，要適應這個比他們母國文明落後、環境衛生髒亂之地，又本身多少帶著列強國家的權威和優越感，鄙視台灣的文化習俗和衛生習慣，難免和當地民眾發生衝突。這些醫療傳道人也終於在艱辛開拓的過程中落地生根，學習台語，學習和民眾相處，甚至將《聖經》翻譯成台語。他們廣設教會，透過醫療服務將現代化的醫療引進台灣。本文特別要介紹馬雅各、馬偕、蘭大衛等醫療傳道人對台灣北、中、南部醫療的影響。

馬雅各醫師於1864年10月首次從英國來到台灣的打狗（高雄）訪問，1865年5月與其他傳道人員登陸打狗，是第一位對台灣醫療影響較大的醫療傳道者。1865年6月，馬雅各開始在台南看西街租屋成立「看西街醫館」，身兼牧師和醫師，開始布道和醫療服務，雖然醫療效果好，每天有50多名病患求醫，但是他在此20幾天就被迫撤離；主要是當地中醫師仇視西醫，散布洋醫師殺人挖取眼睛腦髓製藥的謠言，煽動民眾包圍破壞傳道醫療館。1865年7月，馬雅各回到有英國領事館保護的高雄旗后爲台灣民眾行醫，1866年6月在高雄旗后創設「打狗醫館」，是台灣第一家西式醫院，可容納八名病患。馬雅各醫術精良，求醫民眾很多，有的甚至來自澎湖。1968年馬雅各再回到府城，創立「舊樓醫院」，設有診療室、藥房、外科房、病房，治癒許多人，民眾開始接受西方的醫療方式。馬雅各在他的《台灣醫療宣教報告書》中提到，台灣民眾最常患的病症依序是瘧疾熱病、食用鴉片、眼疾、梅毒、皮膚病、呼吸道疾病、消化系統疾病、痔瘡、癲癇。在台灣行醫7年，馬雅各於1871年返回英國。英國長老教會派德馬太醫師（Dr. Mattbew Dickson）和安比得醫師（Dr. Peter Anderson）來台繼續馬雅各的醫療傳道。馬雅各於1884年再度來台，不久因爲妻子身體不適而返回英國。1897年安比得醫師負責建立新醫館，1900年完成「新樓醫院」，有門診、治療室、藥房、開刀房、X光室、升降機、蒸氣消毒鍋，是當時相當先進的醫院。

1900年，馬雅各的次子，馬雅各二世（Dr. James Laidlaw Maxwell, Jr.）來台擔任新樓醫院醫師，他與護士太太訓練台灣醫師和護理人員，擴充設備，使新樓醫院成爲南部最現代化的醫療中心。馬雅各二世著有《台南醫療工作備忘錄》，討論宣教方針和教會醫院的經營管理，他認爲教會醫院若不能有效的經營，對上帝的榮耀和事工的推展沒有好處。馬雅各父子除了本身在台灣做醫療服務，也籌劃並推薦多位醫師和神職人員來台協助醫務的發展，培育台灣醫療人才，對台灣南部醫療服務有很大的貢獻。例如，安比得醫師1971年來到台南舊樓醫院服務，1901年到打狗接任慕德醫院院長，1910年離開台灣，在台灣從事醫療宣教總共31年；巴克禮牧師在台灣宣教醫療服務前後達60年。

馬偕（George Leslie MacKay）是加拿大人，於1871年來到台灣淡水宣教，雖然他遇到的抗拒比馬雅各少，但是初期仍然多次受到當地民眾的辱罵、扔石頭、追打驅離。馬偕不是專業醫師，卻是非常有效率的醫療工作者，以醫療服務輔助宣教。馬偕主要的醫療工具是拔牙的鉗子和治療瘧疾的奎寧；他有名的「白藥水」是奎寧藥劑加上檸檬汁，免費提供民眾治療瘧疾。馬偕拔牙的紀錄非常可觀，在《台灣遙寄》中他說：「我常在一小時內拔掉了100多顆牙齒……他們目前已經不需要再爲牙痛而苦惱……因爲我們的拔牙工作，遂成爲了推翻道士們的偏見與反對者最有效的手段之一。」此外，馬偕還使用特效藥治癒許多腿膿瘡的病患，因此很多原本反對他的台灣民眾，變成他的好朋友，使他能夠以醫療服務打開傳道的大門。爲了治療更多病人，馬偕於1873年建立「滬尾醫館」聘請多位醫師駐診。不只醫療，馬偕也非常注重公共衛生，他深入台灣民間社會，到各地訪問社區，教導民眾居家環境衛生，如排水溝的建立、消滅蚊蟲等。1879年他在做一位葡萄牙人的屍體解剖時發現世界第一例活在人體的「肺胵蟲」，轟動全球醫界。馬偕獲得一位美國與他同姓的馬偕船長遺孀的捐款，建立「滬尾偕醫院」（MacKay Hospital），於1879年開幕，在滿清與法國戰爭時，醫助很多傷兵。馬偕以台灣爲家，積極學台語，娶台灣女子爲妻，在台灣服務30年，於1910年過世；依他的遺言，葬身台灣。滬尾偕醫院在馬偕過世後關閉，1905年，宋雅各醫師（J. Y. Ferguson）重新整頓「滬尾偕醫院」，每天求醫的病人超過百位。爲擴大服務，宋雅各將「滬尾偕醫院」從淡水遷至台北，擴大醫師編制，1912年成立現代化的綜合醫院，當時被稱爲是「全遠東最好的基督教醫院」，取名「馬偕醫院」以紀念馬偕牧師。宋雅各醫師於1918年返國，在台灣服務14年。

1895年底，蘭大衛醫師（David Landsborough III）被英國基督教長老會派到台灣，距馬雅各來到台南已是30年後了，日本也開始治理台灣。蘭大衛醫師先到新樓醫院行醫和學習台語，1896年開始在彰化一個醫療站行醫。因爲求醫者眾多，於1899年建立彰化醫館，醫院內有十張病床、開刀房、診療室、藥局和禮拜堂。門診專看內科、外科、婦產科、眼科病人，每天看診四百人。他的外科手術技巧全台聞名。當時流行病盛行，如瘧疾、鼠疫、霍亂、傷寒、赤痢，蘭醫師也在1902年、1903年和1904年得到赤痢而離開台灣休養，痊癒後再來台灣繼續服務。1907年蘭大衛醫師又募款再建立兩層樓，設備更新的「英立基督教醫院」，一面看診主持醫院業務，一面教學培植本地醫師。除了自動求醫的民眾，蘭大衛醫師也會帶著骯髒、流著膿血的流浪漢回醫院治療，因此受到彰化地區民眾愛戴，而有流傳於民間的諺語：「南門媽祖宮，西門蘭醫生。」蘭醫師來台時未婚，來台17年後才於1912年與連瑪玉姑娘（Marjorie Learner）結婚，當時已經42歲。

蘭醫師夫婦最被台灣人感動和津津樂道的是「切膚之愛」的傳奇事蹟。1928年，13的周金耀因右膝到臀部傷口腐爛無法癒合，恐怕併發成骨髓炎而致命，在蘭醫師娘的建議下，蘭醫師自太太右腿取四塊皮膚移植到周金耀腿上。非自體移植的皮膚受到排斥，手術並未成功，但周金耀在蘭醫師夫婦悉心的照顧下痊癒了，周金耀曾說：「那塊皮雖不能貼在我身上，卻永遠貼在我心裡。」周金耀被栽培成爲牧師，後來當上台灣基督教長老教會總會議長。蘭醫師在台灣行醫40年，於1936年退休，與蘭醫師娘一起回英國，當時有千餘民眾在彰化火車站爲他們送行。長榮基督教大學紀念他對台灣台灣醫療和宗教教育的貢獻，特別把2008年落成的圖書館取名爲「蘭大衛紀念圖書館」。

蘭大衛醫師的兒子蘭大弼（David Lansbourough IV），自稱是「在彰化長大的英籍台灣人」，繼承父親的志業，與其夫人高仁愛醫師（Jean Connan Murray）於1952年開始在彰化基督教醫院服務，1953年任彰化基督教醫院第九任院長，一直到1980年退休，任職28年，被頒予「彰化縣榮譽縣民證」，1996年榮獲台灣第六屆醫療奉獻獎。兩代的蘭醫師夫婦在彰化基督教醫院，總共服務超過100年。

以醫療教育而言，這些傳道醫療人在台灣教育訓練本地醫療人員時，雖然把化學、生理學、病理學等基礎學科納入教育課程，但基本上是小班教學和學徒制，加上資源有限，醫療教育推廣的層面有限；1897年，日本人在台灣設立第一所官辦醫學校，取代西方醫療傳道人對本地醫療人員的培植方式。蘭大衛醫師來到台灣時，日本也開始統治台灣，西方傳道醫學和日本當局有競爭，但有更多的合作關係，尤其在驅除迷信、防治傳染病、戒食鴉片、控制痲瘋病上的目標都是一致的，都在促進台灣醫療的現代化、科學化。

五、日治時代的台灣醫療

中日甲午戰爭，中國敗給日本，1895年李鴻章代表中國政府與日本簽下馬關條約，將「台灣島及其附屬諸島和澎湖列島永久割讓給日本國」，台灣從此走上了一條與中國不同的發展之路，包括台灣的醫療，使台灣的醫療比中國快速的走向現代化之路。台灣被納入日本統治的範圍後，台灣總督府以中央集權的力量和資源，將日本的醫學直接移植到台灣，在各縣市建醫院、推行公醫制度、設立醫學院、加強醫學研究，全面進行公共衛生設施，終於建立了台灣醫療現代化的基礎。以下僅簡介醫院的設立、上下水道的建立、防疫、醫學教育、醫學會和醫學期刊，以及醫師的反日運動。

鑑於台灣衛生條件不佳，1895年6月19日台灣總督府在台灣施政第三天就宣布，「衛生委員會」設立衛生事務所，主管台灣衛生事務，包括「保健」和「醫事」。日本的醫學深受當時醫學最發達的德國影響，統治台灣期間，總督府政府急於把德國式的醫學推展到台灣，以保護移民到台灣的日本人，同時增加台灣民眾接觸西式醫療，改變民眾的疾病衛生習慣，開始在全台普遍設立醫療機構。在施政第四天，1895年6月20日匆促設立「大日本台灣病院」，是台大醫院的前身，選派十位醫師、九位藥師、二十位護士來台灣工作。1897年「大日本台灣病院」改稱「台北病院」。1908年已增建至九棟病房，220張病床，仍然不敷使用，而且杉木建築維修困難，因此於1912年重建紅磚鋼筋水泥的「永久性建築」，1921年完成時，是當時東南亞規模最大、設備最新穎的醫院，其規模超過東京帝大附屬醫院。從1895～1914年，台灣總督府所建診所病院遍及各縣市：淡水、基隆、新竹、宜蘭、鹿港、苗栗、雲林、埔里、嘉義、鳳山、澎湖、台中、高雄、屏東、花蓮、台東，也鼓勵有西醫執照醫師開業。到了1934年，醫院增加到官營15家、公營20家、私營182家。早期的診所暫寄在寺廟或公共建築地點，之後才慢慢建成具規模的醫院。除了各縣市的綜合醫院，也開辦特殊科醫院，如日本赤紅十字台灣支部醫院、鐵路醫院（鐵路員工及家屬）、避病院（鼠疫傳染病醫院）、錫口療養院（肺結核病患）、樂生院（痲瘋病患）、養神院（精神疾患）、更生院（鴉片成癮治療）、性病房治中心等。

除了建立醫院治療個人疾病，水道工程和公共衛生設施也是總督府的重要衛生計畫。那時候，移民來台的日人對於台灣風土適應不良，飽受疫病傳染病之苦。奉命接收台灣的日軍76000餘人中與台灣義民軍抗日者作戰陣亡164人，因病死亡卻達4642人（作戰死亡的40倍）。加上經營台灣的經濟負擔，1897年日本國內曾有以一億日元將台灣賣給法國的議論。但是1897年被派任當台灣總督府的陸軍大將兒玉原太郎，選擇了原任職內務省衛生局長的後藤新平爲民政局長，積極展開治理台灣的政策，期望將台灣建設成日本帝國的資源基地。而且，企圖以人爲力量移風易俗，改變台灣的居住環境，使之符合日本的生活條件，以適於日本人移居台灣，稱爲「風土馴化」。後藤新平本身是醫師，深知健康的維護必須發展預防醫學；要改善環境衛生必須提供乾淨的飲水和處理排水及廢棄物。後藤新平特別聘請英國工程師威廉・巴爾頓（W.K. Burton）來台灣籌建「上水道」和「下水道」。巴爾頓和日人學生濱野彌四郎翻山越嶺到台灣各處勘察水源，並實地調查台灣中南北及澎湖主要街道，建議市區重新規劃。巴爾頓於1898年完成位於淡水的台灣第一座上水道系統，因而被尊稱爲「台灣自來水之父」。巴爾頓對台灣公共衛生現代化，甚至獻上他的生命，他於1899年在新店溪上游探勘台北自來水水源地時，感染阿米巴痢疾而逝世，時年44。濱野彌四郎繼續巴爾頓的衛生工程，於1906年完成台北城及萬華7公里的下水道系統，比當時東京和名古屋的下水道系統更先進。濱野彌四郎在台灣23年，完成基隆、台北、台中、台南等主要都市的上下水道規劃和建設，其設備甚至領先日本許多城市。長榮基督教大學內有一座紀念他的銅像。

後藤新平目睹到疫病猖獗，控制住當時正在流行的鼠疫和瘧疾這兩種最重大的疫情是當務之急，1896年公布「台灣傳染病預防規則」，將霍亂、鼠疫、痢疾、天花、斑疹傷寒、白喉、猩紅熱列爲傳染病，並且每年統計發生傳染病案例，做爲防疫措施的依據。同一年訂定「船舶檢疫假定手續」執行海港檢疫工作，圍堵疫病從境外傳入台灣。1899年成立「台灣地方病及傳染病調查委員會」，詳細調查記錄各種疾病和研究報告，並嚴厲執行檢疫和隔離。在民間方面，分發宣傳單到各家各戶，並舉辦演講，放映影片到各處宣導；各社區設立公共廁所，禁止隨地大小便；設立公共澡堂，改善個人衛生習慣；官方並規定住家每年春秋兩次大掃除活動。這些嚴謹的防疫措施和衛生習慣的改善，卻被未經科學洗禮的台灣民眾視爲擾民苛政而抗拒、藏匿病患、逃避檢疫，必須運用警察保甲系統強制執行防疫措施。

鼠疫曾被稱爲世紀的黑死病，特別在此提到。鼠疫是由藏在老鼠身上的跳蚤所傳染，被帶有鼠疫桿菌的跳蚤咬傷的部位會有淋巴腺發炎、發腫、化膿，變成全身性敗血症，呼吸衰竭。總督府1896年成立「臨時鼠疫預防委員會」全力撲滅鼠疫，並成立「避病院」專門治療隔離傳染病患。1896～1917年間共30101人得鼠疫，死亡率達80.07%，1917年鼠疫終於絕跡。其他傳染病如流行性腦炎、肺結核、登革熱、性傳染疾病、痲瘋病、狂犬病，也是總督府非常努力要控制住的疾病，所以訂有各種法規，投入非常大的人力物力資源，也做了許多臨床實驗和疫苗的研究，增加各種疫苗接種人數。防疫費用是日本財政的一大負擔，但是成果顯著；1910年代主要急性傳染病逐漸被控制，1920年傳染病死亡率明顯下降，在熱帶疾病的學術研究上也有許多重要發展。1920年後，台灣總督府開始重視慢性傳染病問題。後藤新平在台灣醫療機構的建設、環境衛生工程的建立，改善了民眾的健康，帶來勞動力和生產力的增加；台灣經濟漸趨穩定成長，不但不再依賴日本，農產品還可以輸出到其他國家。

後藤新平任職內務省衛生局長時就認爲醫學教育是推行衛生制度的原動力，因此支持山口秀高在台灣建立醫學校的計畫。1896年山口秀高被委任「台北病院」院長後，於1897年先成立醫學講習所（土人醫師養成所），只收台灣籍學生。但是因爲台灣連普通學校教育都沒有，勉強招收到30幾位學生。雖是講習所，也必須修基礎科學教育（數學、化學、物理），難倒很多學生，只有不到四分之一的學生在一年後繼續念。1902年畢業的第一屆畢業生，只有3位，後藤新平還特地來致賀詞。後藤新平認爲醫學教育必須再提升，1899年「台灣總督府醫學校」正式成立，爲五年制（一年預科，四年本科），每學年修三學期的課。當時很多台灣人認爲西醫課程修課時間過長，不願意就讀，有報名就錄取，錄取率100%。但是幾年後西醫開始被民眾接受，認爲醫師收入和地位都高，學醫變得非常熱門，醫學校競爭非常激烈，600人只能錄取50人。1918年加設熱帶醫學專攻科，必須是台灣總督府醫學校畢業，熱帶醫學專攻科再修習一年，熱帶醫學研究科則再修習三年。1919年「台灣總督府學校」升格爲醫學專門學校，修習年限爲預科四年，本科四年。1922年改稱爲「台北醫學專門學校」，不再收預科學生，只招收中學畢業的學生，同時也開始招收日本籍學生。1936年改爲隸屬台北帝國大學，改稱爲「台北帝國大學附屬醫學專門部」。有學者認爲日治政府在台灣醫學教育上，故意區隔台灣和日本醫學發展層次，使醫專的教育長達40年，而未與日本內地同步升級爲醫學院，以維持日本醫學比台灣醫學高一等的地位，從而持續殖民母國的威望。第二次世界大戰，日本戰敗，1945年向盟軍無條件投降，台北帝國大學改名爲「國立台灣大學」，台北帝國大學附屬醫學專門部改名爲「國立台灣大學醫學部」。

除了醫學教育，其他的醫學專業活動也在推展中，例如醫學分科的診療制度、醫學會的發展、醫學雜誌期刊的發行。隨著醫學的進展，醫學的知識越來越專精，1895年「大日本台灣病院」首創時只有內科部和外科部，1897年增加眼科，1898年再增加婦科和產科，之後耳鼻喉科、小兒科、牙科、皮膚科陸續成立；皮膚科又分「皮膚病黴毒科部」和「皮膚花柳病科部」陸續成立爲獨立的科別。醫學會是促進學術活動、交換新知識的專業組織，「台灣醫學會」於1902年成立，並定期發行《台灣醫學會雜誌》。台灣醫學會每年召開總會，辦理學術活動，如專題報告、論文發表、學術標本展示。爲了擴大醫學知識的累積和傳遞，1899年山口秀高發行台灣第一本醫學研究雜誌《台灣醫事》，可惜因爲總督府1901年底要求山口秀高奉命休職而停刊。1902有《台灣醫學會雜誌》的發行，發表的論文從1902年發行時的三篇原著研究論文，到1936年1年136篇。這個代表台灣醫學的學術期刊豐富的內容，受到日本國內和國際的讚譽。1942年「熱帶醫學會」成立，1943年熱帶醫學研究所發行不定期《熱帶醫學研究》雜誌。

日本人大量擷取西方文化精華，積極在台灣全面推行現代化建設，從農業、林業、漁業、交通、教育到醫療，完成了台灣現代化的基礎建設，今天台灣能夠與世界先進國家接軌，日人在台灣的統治和建設應是最大因素。但是畢竟是殖民統治，政策以日本本國的利益爲優先，日本官員視台灣爲文明落後的蠻荒之地，移民到台灣的日本人自視高台灣人一等，使台灣人深感受辱和被歧視。另外，台灣人不接受異族統治，曾上書清廷反對割讓台灣給日本，但清廷不理會。日治初期武裝的抗日活動不斷，後來轉爲非武裝抗日運動。加上第一次世界大戰之後（1914～1918）民族自決思潮席捲全球，許多台灣人因爲日治時代的教育，開啓了他們看到世界的窗口，其他國家民族運動的熱潮衝擊著這群知識分子，他們也要站起來反對日本人在台灣的殖民統治。站在時代尖端的醫學生自然也投入爭取台灣人自由平等的文化、社會、政治運動，如台灣議會請願運動、組織台灣民眾黨、發起台灣新民會。在台灣議會請願運動的74個主要人物中，有24位是醫師。在那個西醫師逐漸成爲社會菁英階級的時代，醫師的確比一般人有地位、財富、知識和社會關係等資源去改造社會。1921年在蔣渭水醫師開設的大同醫院成立「台灣文化協會」，他的名言：「台灣人有病了……台灣人所患的是病是知識的營養不良症……文化協會是對這病唯一的治療法……。」他認爲台灣人的症狀有：「……精神生活貧瘠、風俗醜陋、迷信深固、頑迷不悟、罔顧衛生……。」這些批判其實與日本人對台灣人的批判無異。這是被殖民國家知識分子的痛苦，他們一方面認同殖民宗主國的現代化思潮和對殖民地的建設，但同時痛恨殖民國家對當地人的鄙視和壓迫。當時文化協會的主要幹部包括多位醫學校的學生，如韓石泉、翁俊明、林麗明。1920年畢業的周桃源則支持婦女運動，提倡性教育。他們辦讀書會、寫政論文章、寫小說、辦報紙，伸張不義，啓發民眾的民族平權意識。賴和也是反殖民統治的代表人物之一，他於1914年畢業於總督府醫學校。賴和倡導台灣新文化運動不遺餘力，主編過《台灣民報》，發表很多詩歌小說表達殖民社會的悲情與憤怒，被譽爲台灣文學之父。賴和在1923年曾因違反「治安警察法」入獄二十幾天。這些懷有理想又富正義感的醫師，關懷的不只是他們的醫療專業，他們是社會的改革者，也是政治運動的倡導者。

六、第二次世界大戰以後的台灣醫療

第二次世界大戰結束，1945年日本昭和天皇向盟國無條件投降，終止日本1895～1945共50年對台灣的殖民統治。台灣的醫療也因此進入了另一個發展的階段。

從1945～1971年衛生署成立，這26年被稱爲是美援醫療期。1949年國民政府撤退到台灣，美國原本不再支持中國國民黨政權，但是1950年韓戰的爆發，改變了美國對中國國民黨政府的政策。美國領導「自由世界」對抗以蘇聯爲首的「共產集團」，將台灣視爲西太平洋防堵線上之一環，戰略地位重要。1951年美國國會通過共同安全法案，除了在軍事上援助台灣，還提供其他經濟援助。從1951～1965年間共援助台灣14.8億美元，占進口總額的47.9%，1965年美國停止對台灣的經濟援助。這14.8億美元協助解決台灣1945～1949年間7000倍的通貨膨脹，和外匯短缺的困境。國民黨政府的國防和警察系統的支出占全國總預算的70%，衛生經費占3.5%。從1959～1964年，美援占台灣衛生經費的30%。此外，台灣衛生事務也接受其他國際組織的援助，例如世界衛生組織、聯合國兒童基金會、洛克斐勒基金會、農村復興委員會，而美國是這些國際組織主要的經濟來源。

美援對台灣立即的協助是傳染病的撲滅和控制。日治時代後期已經控制的傳染病，竟然在國民黨政府接收台灣後，因港口檢疫鬆弛、公共衛生推行不力、醫療制度混亂而又流行起來。在台灣衛生單位、美國及世界衛生組織的努力下，霍亂、天花、鼠疫、狂犬病、瘧疾於1970年被控制住，1965年世界衛生組織授證台灣爲「瘧疾根除區」。麻疹、小兒麻痺、破傷風、白喉、百日咳等，也因爲加強疫苗預防注射，而能控制住。對於慢性傳染病，像肺結核病的死亡率達到16%，提供病人免費治療、隔離、控制疾病傳播，和卡介苗預防接種，1979年肺結核被排除在十大死亡原因之外。傳染病的控制主要是透過環境衛生的改善，像農村復興委員會1950年修建自來水工程，1964年推動自來水興建，普及自來水供應至鄉村地區。並且在各鄉鎮成立衛生所，1954年全台灣有22個衛生院、360個衛生所、140間衛生室，負責診療、傳染病管理、婦幼衛生、學校衛生、預防注射等工作，對於台灣衛生政策的推行有很大的貢獻。

在1960年代，另一個被國民政府傾全力支持的美援計畫是「家庭計畫」，也就是節育和人口成長的控制。當時國際合作署台灣分署長郝樂遜（W. C. Haraldson）認爲，美國對台灣的援助，被台灣多出的人口消耗掉，人口的成長高於食物的成長，使社會財富無法累積，台灣要控制經濟危機，必須降低嬰兒出生率。1965年起，「家庭計畫」成爲當時最大的衛生計畫，特別強調「樂普」的效果；樂普被說成是避孕效果好、安全、又可以隨時恢復生育力的節育方法。那時，家庭計畫工作者逐家逐戶訪視、勸導，教導婦女避孕方式；連婦女會、農會指導員、小學教師全都參與推動。到了1970年代，每位婦女平均生產2.5～3.7個嬰兒。經過30多年，2009年時每位婦女只生1.03個嬰兒，台灣的生育率是全世界最低。近來有學者對這個計畫提出檢討，認爲1946年台灣的人口609萬，在1960年增至1000多萬，主要原因是隨國民政府來台灣的移民潮，和出生率沒有直接關係。而且那時候接受樂普裝置者，多是社經地位較低的婦女，樂普不是教育程度較高的婦女的優先選擇。因此認爲美國爲了證明民主國家的發展優於共產國家，而使用各種方式要快速降低這些美援國家的嬰兒出生率，但是國民黨政府全力配合，這樣的美援衛生政策也是一種殖民政策。

美援對台灣的醫療教育也有很大的影響。國防醫學院和台灣大學醫學院是當年台灣兩個主要的醫學院，美援提供了最大的資助，包括醫學院和其附設醫院硬體建設、圖書、儀器和人員在國內外的訓練。第二次世界大戰後，台灣留學生到日本留學漸漸減少，而轉往美國，尤其公費生大都到美國進修留學。醫院的醫師、護理人員和其他醫療人員接受各種獎學金，被派至美國進修或訓練；這些美援支持的公費生和醫院及衛生機構的在職人員訓練，回到台灣後把美國制度也多少帶回台灣，對台灣的醫療教育、臨床實務、臨床訓練和研究都產生重大的影響。台灣的醫學教育制度和醫院等醫療機構逐漸離開「德日式」，走向美國式的體系。當20世紀美國成爲世界醫學的領導者時，台灣的醫療因爲美援而走向美國式系統，正能夠與國際接軌。

對於美援，也有學者認爲美援促成台灣經濟的發展，卻使台灣在經濟和軍事上處處依賴美國。而且大量的美援都集中在國民政府的公營部門，再流入黨庫，間接鞏固了國民黨在台灣50年的獨裁政權。至於美援對於台灣醫療發展的貢獻，是被肯定的。

1971年台灣退出聯合國，也在那段時間，台灣以出口爲導向的經濟發展快速，資本的累積也帶動醫學科技的快速進展，使台灣醫療蓬勃發展。公私立醫學院陸續成立，增加兩間公立醫學院（成大和陽明）；1954年成立高雄醫學院，至今八間私立醫學院成立，目前台灣共有12所醫學院。醫院數量更是如火如荼般的成長，包括醫學中心、區域醫院及地區醫院；目前台灣至少有17家醫學中心。公立醫院不斷擴大設備，添購各種診斷儀器、增建病房、醫學分科越來越專精。私人財團和宗教團體也不遑多讓，興建大型醫院、購置最新穎的高科技儀器、建立美輪美奐的病房，以企業思考經營醫療機構。醫療的供應快速增加，競爭激烈，爲求生存而不斷有推陳出新的醫療方式，或從傳統的醫術，像另類療法、中醫、民俗療法等方向擴展。這些五花八門的醫療供應，雖然讓求醫民眾有更多的選擇，但是也造成民眾亂投醫。尤其全民健保於1995年開始實施後，病人負擔的醫療費用降低，到處看病，造成醫療浪費，也使一些應被自然淘汰的宗教醫療和玄學醫療，只要大力宣傳就有存在的空間。健保局的負擔越來越高，第二代的健保即將上路，健保的永續經營是所有台灣人的共同目標，需要所有的台灣人共同經營和維護。

參考文獻

1.達西烏拉灣・畢馬（田哲益）。台灣的原住民：達悟族。台原出版社。2002。

2.葉婉奇。譯自台灣原住民的祭典生活（原著：古野清人）。原民文化事業有限公司。2000。

3.李季順。走過彩虹。太魯閣文化工作坊出版。2003。

4.廖守臣。泰雅族的社會組織。私立慈濟醫學院暨人文社會學院原住民健康研究室專刊。1998。

5.譚昌國。排灣族：原住民叢書。三民出版社。2007。

6.都嗚・巴尚。試論台灣的原始醫學。載於胡俊宏、陳庵君、邱文達〈主編〉，原住民健康問題之現況及未來展望。論文集。1996。

7.陳勝崑。醫學，心理，民俗。橘井文化事業有限公司。1992。

8.江漢聲。歷史教我的醫學：十六堂經典醫學史。原水文化。2009。

9.陳永興。台灣醫療發展史。月旦出版社。1997。

10.謝博生。現代醫學在台灣：台灣醫學會百年見證（第二版）。國立台大醫學院。2004。

11.范秋燕。疾病、醫學與殖民現代性：日治台灣醫學史。稻鄉出版社。2005。

12.帝國與現代醫學。李尚仁主編。2008。

13.經典雜誌編著。台灣醫療四百年。經典雜誌社。2006。

14.林瑤琪。透視醫療卡夫卡。大康出版社。2004。

15.莊永明。台灣醫療史：以台大醫院爲主軸。遠流出版社。1998。

16.小田俊郎。洪有錫譯。台灣醫療50年。前衛出版社。2000。

問題討論

1.請詳述巫醫、玄學醫療和現代科學醫療共存在現象的探討。

2.台灣如何幫助醫療醫療資源較缺乏的國家？

3.台灣高齡化社會對台灣醫療的衝擊爲何？

4.個人對於「台灣健康保險永續」的責任爲何？

5.請詳述身體、性別、文化、民主、社會的探討。

6.請詳述醫療人員的社會責任。

台灣的司法

長榮大學翻譯學系　李憲榮

摘要

本〈台灣司法〉篇介紹台灣司法的概況，從介紹司法權在三權（或五權）分立下其所擔任的功能切入。接著介紹大陸法系與英美法系的差別、台灣司法體系和組織、檢察制度、訴訟程序（含民事、刑事、和行政訴訟）、台灣司法的弊端，最後是司法的改革。

導論

由於篇幅限制，本章只能簡略介紹台灣的司法制度。在西方民主國家，公權力分爲三權：行政、立法、和司法，形成所謂三權分立和制衡。在台灣，根據「中華民國憲法」的五權分立原則，除了三權之外又增加考試和監察兩權。在西方國家，考試權隸屬於行政權，監察權隸屬於立法權。不管是三權分立或五權分立，司法權都是一個國家公權力運作時非常重要且不可或缺的一種權力。

行政權就是政府行政機關爲國家和人民做事的權力，它要依立法機關所訂的法律行事和通過的預算來推動政務。立法權由立法機關（也就是民意代表機關）來擔任，其選舉由行政機關來辦理，其所訂的法律如有違背憲法，則由司法機關來解釋。司法機關也只能根據立法機關所訂的法律來處理司法案件，司法人員的任用則由行政機關來辦理。如此三個權力各自獨立、互相制衡。

所謂司法制度就是實現司法權的工具，它包括國家的法律、司法機關，及司法人員的任用。司法制度有三個很重要的功能：

第一個功能是維護整個社會的秩序。社會秩序的維持是國家存在最基本的要件，社會秩序若不能維持，還有什麼國家可言？

第二個功能是保障人民的權益。國家成立的目的就是要使人民能享有各種權益，包括生命權、生存權、自由權、財產權、教育權等等。透過司法制度，人民可以排除權益被他人侵犯；如被侵犯時，能透過司法制度尋求救濟，由國家公權力來保護。

第三個功能是維持政府權力的制衡。政府機構要有權力才能爲人民做事，但是政府的權力如果不加以制衡，不但不能爲人民做事，甚至有可能侵犯人民的權益。如果政府機構或公務人員違法或侵犯人民的權益，便需要有司法制度來制衡。

大陸法系與英美法系的特徵與區別

一個國家的司法制度與其所屬的法系無法切割，因爲司法制度是根據其法律思想而來的，所以我們要先了解法系。所謂法系就是法律的系統，即以法律制度之發生、沿革爲基本，按其類似性或同質性爲單位而區分之法群，一般把世界上的法系分類爲大陸法系、海洋法系（又稱英美法系）、中國法系、印度法系、和阿拉伯法系。其中大陸法系和海洋法系是世界法系的主流，而台灣是屬於大陸法系，也就是說，台灣的司法制度大致上是沿襲自大陸法系。

爲了簡明起見，茲將大陸法系和海洋法系列表對照，便可看出兩種法系的差別。

表1　大陸法系與海洋法系特徵與區別

法系 / 比較項目	大陸法系 European Continental Law Or Civil Law	海洋法系（英美法系） Maritime Law Or Anglo-American Law Or Common Law
起源	羅馬法（Roman Law），起於西元前	日耳曼法（Norman Conquest Islamic Law），起於11世紀
法律的形式上	成文法典（Statutory or codified laws）	習慣法及判例（Customary laws and Precedents）
法律的基本精神上	寧枉勿縱（Prefer being wrong to being lenient）	寧縱勿枉（Prefer connivance to injustice）
法律的思考上	以法典爲基礎，用邏輯上演繹的（Deductive）推理方式以求結論（即三段論法，Syllogism）	以判例爲基礎做歸納的（Inductive）思考（即實證法Empiricism）
司法制度上	雙軌制（Double track system），分爲普通法院和行政法院兩系統	單軌制（Single track），只有普通法院，不設行政法院

（續下表）

比較項目＼法系	大陸法系 European Continental Law Or Civil Law	海洋法系（英美法系） Maritime Law Or Anglo-American Law Or Common Law
法庭組織上	除地方法院採獨任制外，以採合議制爲多（Collegial panel）	側重獨任制（Single judge）
訴訟程序上	採法官審判制（Judge adjudication）；詰問制（Inquisitorial system）	採陪審團制（Jury system）；當事人對抗制（Adversarial system）
法官的任用及職權上	法官與律師分別任用（Appointed）	有聘任（Appointed）及民選（elected）兩種方式
主要施行國家	歐洲、美洲、中北非洲、俄、中、台	英、美、加、澳、紐
混合地區	未曾被英國殖民的地區（非洲、南美、中東、魁北克、東南亞）	

根據大陸法系的基本精神，從陪審團制度最容易看得出來。我們可以說，大陸法系是「寧可錯殺百人也不放縱一人」，因爲沒有陪審團，認事用法都是法官決定，而英美法系是「寧可放縱百人也不錯殺一人」；有陪審團，得由12個陪審員的一致決定才能定罪，就人權保護觀點，英美法系似乎強得多。

台灣的司法制度

一、司法體系和組織

《中華民國憲法》第七章規定司法制度（第77～82條），司法院為國家最高司法機關，掌理民事、刑事、行政訴訟之審判，及公務員之懲戒（第77條）。審判權的主要功能是維持國家社會的秩序和維護個人的權益，其重要性不亞於行政機關推動政務或立法機關制定法律、審查政府預算和監督政府。

司法院另外一個很重要的職權是解釋權，第78條規定，司法院解釋憲法，並有統一解釋法律及命令之權（第78條）。這點和英美法系大不相同，英美法系的各級法院和各個法院都有權解釋憲法、法律和命令，當然是以聯邦最高法院的解釋為最高權威。解釋權是三權分立中制衡行政和立法機關的主要「武器」，因為行政機關常以「依法行政」來做為其推動行政的護身符，但司法機關透過解釋權來判定其所依之法是否合憲。行政機關發布許多命令來執行公務，解釋權也可判定命令是否合法。對於立法機關所訂定的法律，司法機關也可解釋這些法律是否違憲，如果違憲就要修法或另行訂定法律。

司法院的另一職權是懲戒權，對公務員從事不法或不當行為予以審判和懲戒，以正政風，消弭貪汙腐敗。公務員違法或不當行為除受行政懲戒外，當然要視其情況，另負起刑事和民事責任。

司法院是五院中僅次於行政院的龐大機關，除大法官會議、憲法法庭、公務員懲戒委員會和其本身的行政單位（如祕書處、人事處、審計處、統計處等等）外，所有的普通法院、行政法院和專業法院（如智慧財產法院）都歸其管轄。

大法官會議和憲法法庭皆由大法官組成，前者解釋憲法和統一解釋法令，後者審理政黨的違憲事件。大法官十五名，任期九年，由總統提名，立法院同意。

在台灣的司法體系中，最龐大的組織當然就是所謂的「普通法院」。普通法院分為三級：地方法院、高等法院和最高法院。台灣對一般法律案件採「三級三審」制度，地方法院是第一審級。

地方法院有如商業公司的門市部，是和當事人接觸最直接和最廣泛的地方，其管轄的案件有三類：民事訴訟、刑事訴訟和非訟事件（如各種認證）。地方法院內的審判事務設有民事庭、刑事庭、家事法庭、少年法庭、治安法庭、交通法庭；執行事務設有財務法庭和民事執行處；非訟事務設有公證處、提存所和登記處。目前地方法院有台北、板橋、士林、桃園、新竹、苗栗、台中、南投、彰化、雲林、嘉義、台南、高雄、屏東、台東、花蓮、宜蘭、基隆、澎湖、福建連江和福建金門等21個。

高等法院是第二審級，其管轄的案件有：對第一審判決不服之上訴，以及關於內亂、外患及妨害國交之刑事一審案件。目前高等法院有設在台北的「台灣高等法院」，以及設在台中、台南、高雄、花蓮和金門的五個「分院」。

最高法院是第三審級，或稱為「終審級」。其管轄的案件有：對第一審判決不服之上訴、非常上訴（下述），和其他法律規定之訴訟案件。

有別於「普通法院」的是行政法院，這也是英美法系國家所沒有的法院，在這些國家裡，普通法院也管轄行政訴訟案件。行政法院分為兩級：高等行政法院和最高行政法院。高等行政法院管轄之事件是：1.不服訴願決定或法律規定視同訴願決定，提起之訴訟案件；2.其他依法律規定由高等行政法院管轄之事件。最高行政法院管轄之事件是：不服高等行政法院裁判而上訴或抗告之事件。行政法院之審判係針對政府公權力損害人民之權益而為之救濟，目的在使民怨有申訴之管道。

公務員懲戒委員會設置之目的在使公務員依法行政，造福人民，不得違法濫權，損害人民之權益。對公務員之懲戒，原則上爲行政監督，但行政監督如完全交給行政首長，恐有憑個人愛憎而做過當之處分，故將之委由公務員懲戒委員會掌管。

二、檢察制度

一般人會以爲，法官和檢察官都是歸司法院管的。其實以前採審檢合隸制，高等法院以下的法官和檢察官都是歸行政院下面的「司法行政部」管理，司法院下面只有最高法院、行政法院和公務員懲戒委員會。直到1960年大法官做出釋字八六號解釋，認爲按照憲法77條，所有的法院應該都歸司法院管。

審檢合隸制違反行政與司法分立的權力分立原則，且行政機關監督司法機關，造成行政干預司法審判的情形。爲落實司法功能，1980年修法，將高等法院以下各級法院改隸司法院，並將行政院「司法行政部」改爲「法務部」，掌理檢察機關和檢察官的監督，實行審檢分立制。

司法權之一之刑事訴訟，即刑事司法之裁判，係以實現國家刑罰權爲目的之司法程序，其審判乃以追訴爲始，追訴必須實施偵查，迨判決確定，尙須執行始能實現裁判之內容。是以此等程序與審判、處罰具有不可分離之關係，亦即偵查、訴追、審判、刑之執行等，均屬刑事司法之過程，其間代表國家從事「偵查」、「訴追」、「執行」之檢察機關，其所行使之職權，目的既在達成刑事司法之任務，則在此一範圍內之國家作用，當應屬廣義司法。憲法第八條第一項所規定之「司法機關」，並非僅指同法第77條規定之司法機關而言，而係包括檢察機關在內之廣義司法機關。

憲法第8條第1項、第2項所規定之「審問」，係指法院審理之訊問，其無審判權者既不得爲之，則此兩項所稱之「法院」，當指有審判權之法官所構成之獨任或合議之法院之謂。法院以外之逮捕拘禁機關，依憲法第8條第2項規定，應至遲於24小時內，將因犯罪嫌疑被逮捕拘禁之人民移送該管法院審問。

檢察官偵查刑事案件之檢察事務，依檢察一體之原則，檢察總長及檢察長有法院組織法第63條及第64條所定檢察事務指令權，是檢察官依刑事訴訟法執行職務，係受檢察總長或其所屬檢察長之指揮監督，與法官之審判獨立尚屬有間。關於各級法院檢察署之行政監督，法務部部長監督各級法院及分院檢察署，從而法務部部長就檢察行政監督發布命令，以貫徹刑事政策及迅速有效執行檢察事務。

我國檢察機關依法院審級，設有：最高法院檢察署、台灣高等法院檢察署、台灣高等法院台中、台南、高雄、花蓮分院檢察署、福建高等法院金門分院檢察署，及21個地方法院檢察署。

基於檢察一體原則，由最高法院檢察署檢察總長依法指揮監督該署檢察官及高等法院以下各級法院及分院檢察署檢察官實施犯罪偵查、提起公訴、實行公訴、協助自訴、擔當自訴、指揮刑事裁判之執行，及執行其他法令所定之職務。

在檢察官偵察的階段並不公開，這與審判階段必須公開並不相同。

三、訴訟的程序

（一）民事訴訟

所謂「民事」是指涉及私人（包含自然人與法人）權益的事。只要個人對自己的權益有所主張，均可依法定程序向法院提起訴訟，以確定私人的權益。民事訴訟分爲一般訴訟和特別訴訟。一般訴訟是指財產相關的訴訟。

1.現行民事訴訟程序，有行簡易訴訟程序、通常訴訟程序兩種，其中簡易訴訟程序又有小額訴訟程序之分。

2.所謂小額訴訟程序，是較輕微、簡單或應速結的訴訟事件，以請求給付金錢或其他代替物或有價證券訴訟，訴訟標的金額在新台幣10萬元以下的事件。而簡易訴訟是財產權訴訟，其標的金額或價額在新台幣50萬元以下，或不問訴訟標的金額或價額，而有民事訴訟法第427條第2項列舉類型，都適用簡易訴訟程序，其餘均爲通常訴訟程序。

3.對通常訴訟程序第一審判決，得上訴管轄高等法院，其上訴利益超過新台幣100萬元時，亦得上訴第三審最高法院。而簡易訴訟程序、小額訴訟程序第一審法院是在各地方法院簡易庭，對於簡易程序、小額訴訟程序第一審判決，係上訴管轄地方法院以合議行之。而對簡易程序第二審裁判，其上訴利益超過新台幣100萬元時，當事人僅得以適用法規顯有錯誤，且該訴訟事件涉及法律見解具有原則上的重要性，經原裁判法院許可，可向最高法院提起上訴。而對於小額程序第一審裁判，雖可上訴管轄地方法院，但應以原判決有違背法令者爲限。小額訴訟程序的第二審判決，不得上訴第三審法院。

4.所謂「特別訴訟」是指督促程序（如金錢或代替物給付）、保全程序（如假扣押或假處分）、公示催告，及人事訴訟（如婚姻事件、親子事件、禁治產事件）。

5.民事訴訟程序原則上採當事人主義，即審判程序的開始由當事人決定、審判程序的範圍由當事人決定、審判程序的終結由當事人決定、未經當事人主張之事實，不得做爲裁判之基礎。

6.民事訴訟經確定終局判決後，即有執行力，法院及當事人或其繼承人即應尊重確定判決的效力，原則上不得再以上訴方法尋求救濟。但是如果確定判決的訴訟程序、訴訟資料或判決基礎有重大瑕疵時，若不許當事人尋求救濟，有違公平正義，因此規定有再審制度，准許當事人在某限度內得對確定終局判決聲明不服。

（二）刑事訴訟

刑事訴訟的目的與民事訴訟大不相同，主要是在保護國家社會公益，也就是消弭犯罪行爲。刑事訴訟就是從犯罪之偵查、起訴、審判到執行的程序。前兩項是檢察官的職責，在法院進行的部分是從起訴以後到審判確定爲止，主要是在確定是否有犯罪及應判處之刑罰範圍如何。

由於刑法上有「告訴乃論」和「非告訴乃論」罪之區分，刑事訴訟有「自訴」與「公訴」兩種。「告訴乃論」之罪（例如普通傷害罪、過失傷害、施強暴於直系血親尊親屬罪、侵入住宅罪、公然侮辱罪、誹謗罪、妨害祕密罪、親屬間竊盜、毀損罪、通姦罪、未滿18歲之人對未成年人爲性交猥褻罪），被害人之「告訴」爲偵察、判決之必要要件。告訴乃論之罪，告訴人於第一審辯論終結前，得撤回其告訴。

非告訴乃論之罪（「告訴乃論」之罪之外所有的犯罪），不管被害人是否提出告訴，檢察官都會偵查，且不得「撤回告訴」。

刑事訴訟亦分爲簡易程序、簡式審判程序和通常訴訟程序。簡易程序是指被告犯罪後，依據他的自白或是其他的證據，已經足可認定被告有犯罪，且依法適合判處「緩刑、得易科罰金之有期徒刑及拘役或罰金」時，檢察官即可不依通常程序起訴，而向法院聲請簡易判決處刑，也就是適用「簡易程序」來審理；另外，法院如果認爲合適，也可以將一般通常程序的案件，改依「簡易程序」來處理。此時，因爲案情已經明朗，法院原則上可以不必開庭，但有必要時，仍然可以開庭調查。

所謂簡式審判程序是被告所犯的罪，如果是「死刑、無期徒刑、最輕本刑爲三年以上有期徒刑之罪或高等法院管轄第一審案件」以外之罪，而又坦承犯罪時，法院可以在聽取當事人、辯護人等人的意見後，裁定以「簡式審判程序」來進行。此時，因爲被告對起訴事實並不爭執，案情比較明朗、單純，由法官一人獨任審理即可，審判程序及證據調查都可以簡化，不需進行交互詰問，也不適用傳聞法則的證據能力限制規定，使案件快速終結，達到訴訟經濟的目的，也可以使有心悔過的被告快速脫離訟累。

刑事訴訟採「改良式當事人進行主義」，其重點在於貫徹無罪推定原則，檢察官應就被告犯罪事實，負實質的舉證責任，法庭的證據調查活動是由當事人來主導，法院只在事實眞相有待澄清，或者是爲了維護公平正義以及被告重大利益時，才發動職權調查證據。

刑事訴訟同民事訴訟，亦爲三級二審。並非所有法律案件都經過三級三審才「定讞」（即判決已確定，不能再上訴了），法律有特別規定者，如選舉罷免訴訟二審定讞，簡易案件一審就定讞。所謂「非常上訴」，係指最高檢察長於刑事判決確定後，發現該案件之審判係違背法令者，得向最高法院請求撤銷或變更原判決或其訴訟程序之救濟方法。

（三）行政訴訟

行政訴訟和民事訴訟及刑事訴訟是完全不同的訴訟，乃人民因政府機關之違法行政處分，認爲損害其權益，經依訴願法提再訴願而不服其決定，或提起再訴願逾三個月不爲決定，或延長再訴願決定期間逾兩個月不爲決定者，向行政法院提起之訴訟。換言之，行政訴訟必須在走完訴願程序後才能提出。行政訴訟有別於民事和刑事訴訟的三級三審，它只有二級二審。

行政訴訟的被告一定是政府機關，而原告則是因政府機關之違法處分而致權益受損之自然人、法人，以及非法人之私人團體。且原告不限於接受違法處分之人，因他人受處分致其權益受損之人亦得提起之。

行政訴訟有下列五類：

1.撤銷訴訟。即請求撤銷政府機關之違法處分之訴訟。

2.確認訴訟。即確認行政處分無效之訴訟。

3.給付訴訟。即要求政府機關為財產上之給付或課予行政處分之義務之訴訟。

4.公益訴訟。即不是為私利而是為公益而提出之訴訟。

5.選舉訴訟。即因選舉罷免爭議而提起之訴訟。

行政訴訟的第一審又稱為簡易訴訟程序，為獨任制，限於下列事件：

1.關於稅捐課徵事件涉訟，所核課之稅額在新台幣10萬元以下者。

2.因不服行政機關所為新台幣10萬元以下罰鍰處分而涉訟者。

3.其他關於公法上財產關係之訴訟，其標的之金額或價額在新台幣10萬元以下者。

4.因不服行政機關所為告誡、警告、記點、記過或其他相類之輕微處分而涉訟者。

5.依法律之規定應適用簡易訴訟程序者。

對於第一審之終局判決，除法律別有規定外（如必須以違背法令為理由），得上訴於最高行政法院。上訴審為五人合議制。下列情形為當然違背法令：

1.判決法院之組織不合法。

2.依法律或裁判應迴避之法官參與裁判。

3.行政法院於權限之有無辨別不當或違背專屬管轄之規定。

4.當事人於訴訟未經合法代理或代表。

5.違背言詞辯論公開之規定。

6.判決不備理由或理由矛盾。

司法弊端與改革

一、司法弊端

台灣的司法制度一直有在改善，例如審檢的分立，刑事訴訟從職權進行主義改爲「改良式的當事人進行主義」，增設簡易訴訟程序等。台灣的法律也一直在修訂，以符合社會的變遷和觀念的進步。

但是台灣司法的弊端還是屢見不鮮，常被媒體提到的弊端有：司法機關和人員的辦案立場不中立（即有政治立場、司法不獨立），能力不足（即訓練和閱歷不足），不根據法律而根據個人偏好判案（即法官根據自己的信仰或利害考量扭曲了法律思考），或操守不足而判案時受干涉（即接受關說、壓力或賄賂），鄉愿（即官官相護，家醜不外揚，只有人情，沒有公理正義是非的表現）等。自己去告別人就是尋求司法正義，別人去告自己就是浪費司法資源；自己打贏官司就是正義伸張，輸了官司就是司法迫害。

台灣沒有參審制、陪審制，更沒有外部力量參與法官人事審議事宜。社會各界沒有機會認識，也沒有機會監督制衡，難怪司法公信力始終不彰。

政治干預司法是一個很基本和嚴重的問題，而且社會上常有一種說法：「有錢判生、無錢判死」或「當選無罪、落選坐牢」。表面上似乎是戲言，但也顯示社會對司法缺乏信賴，以下是台灣司法弊端不同面向的幾個例子：

1.因資深法官集體貪汙案，司法院院長賴英照、副院長謝在全（兩人均兼有大法官身分）請辭，以示負起政治責任。馬英九總統在公布新人選前，將賴英照、謝在全兩位現任大法官召來，並囑辭去大法官職務，由馬總統兩位愛將賴浩敏和蘇永欽接任，嚴重破壞了司法院的體制與尊嚴，立下了大法官任期長短必須隨時依馬英九喜好決定的惡例（賴和謝於2007年10月上任，憲法規定大法官任期爲8年）。賴浩敏的政治資歷還差強人意（曾擔任中央選舉委員會主委和公投審查委員會委員），但司法資歷則未達擔任全國最高司法首長和大法官的程度。蘇永欽（法學學者，政治立場明顯偏藍）才是眞正的「地下院長」。

2.十幾年前擔任台東縣前縣長的吳俊立（當時擔任議會議長）涉嫌貪汙案，此案一共拖了11年之久，後來吳俊立被判16年有期徒刑，由他的妻子鄺麗貞代夫補選縣長，接下了縣長位置，而他的案件則持續在爭訟之中。法院的政風單位跟蹤相關人士，發現承審吳俊立案的法官林德盛曾與吳俊立私下往來，除此之外，還發現該法官有個姓陳的祕密情婦。該法官不但有風紀問題，而且又扯出性醜聞。

3.2010年7月，司法官爆發集體收賄，特偵組發動上百名檢調人員，前往34個地點同步進行搜索。檢調查出，包括四名台灣高等法院的資深法官陳榮和、李春地、蔡光治，還有板橋地檢署的主任檢察官邱茂榮，涉嫌在承審前立委何智輝的購地案時，何智輝的女性友人透過法官好友，擔任白手套，行賄百萬紅包，因此帶回四名司法官進行約談，向法院聲請羈押。

4.最近媒體及民意代表揭發（並提出了確鑿證據）台北市新生高架橋和花博採購嚴重浪費公帑、涉嫌官商勾結弊端，但檢調單位至今都未採取偵辦行動，證據可能因時間拖延而喪失。相反地，台中市綠營候選人人蘇嘉全因在台灣青少棒球隊出發前致送2萬元加菜金，遭檢調單位有選舉賄選之嫌而偵查，而藍營候選人胡志強在奪冠後以鮪魚宴宴請球隊，檢調反而不予偵查，明顯有不同辦案標準。

5.〈法匠聽不到哭聲〉，莊柏林律師（自由時報，2010年9月4日）

有些法官，因欠缺普通常識而變成法匠，譬如妻告夫不能人道的離婚事件，法官竟然不送醫學機關鑑定，當場行勘驗程序，叫男女到密室，以觀察丈夫是否可人道，而丈夫在公然情況下，驚惶失措，而被判決離婚，這種審判顯欠妥當性。

又最近法官接二連三，輕判性侵女童案件的被告，家扶基金會為抗議審判欠妥當性，發起一人一信運動，呼籲民眾寫信給總統、司法院長、法務部長及立法院長，希望能重視受害兒童的權益。

當事人上法院，最怕碰到欠缺普通常識而不食人間煙火的法匠，死抱著制式法條，保守頑固，自以為是，不聽別人寶貴的意見，怎能聽到暗夜在哭泣的聲音，也不對幼稚孩童起憐憫心，民怨乃應運而生。

發生在高雄、台中的三起法官輕判凌虐侮辱幼童的案例，惡徒兇殘，看成悔意，而以性侵者未明顯違反其意願來輕判，忽略受傷孩子年幼不知的事實，這種違反常識的判決，顯違背經驗法則及證據法則之違背法令，必然無法服眾。

對此，網友們也在網站發動串連，集體要求司法單位將輕判法官停職，並接受調查，立刻獲得15萬人的連署；長期關心孩子的公益團體也站出來，人數單位越來越多，對不公不義的判決，表示不滿。

大家擔心這種離譜判決不僅顯示法律未能保護兒童，更不能發生嚇阻作用，更有變相鼓勵性侵幼童的風氣，無論孩子或父母或從事兒童教育者，將陷入無限驚惶之中。

二、司法官的養成

台灣的司法官只在大學法律系讀四年，之後參加司法官考試，及格後到司法官訓練所為期一年半的職前訓練（八個月在所裡受訓，另外八個月則到法院或地檢署實習），之後便被分發去當司法官，社會見識和經驗不足，尤其女性司法官涉世未深，對許多社會現象的了解較為缺乏。台灣的訓練重法律條文的解釋和運用，因此辦理案件往往以條文為依歸，難以跳出文字的巢臼，以法理的分析和常識與知識為心證的依歸。

在外國，一般是讀完大學四年後，才進入法學院再受三年的法學訓練，之後去擔任各法院、檢察署或律師事務所的助理，或是擔任政府機構的公職。美國的法官只有三分之一是由政府指派，三分之二是由選舉產生，所以當上司法官之前已有很多實務經驗和社會見識。初任法官則由資深法官來指導，必須經過一段時間的訓練過程。國外的法律訓練著重案情和法理的分析、專業行為和思維模式，以及倫理教養（即案件分析能力和法律人的倫理教養訓練）。

法律的生命不在於邏輯，而在於經驗。對於變動社會生活中情與理的體察、義與利的權衡、曲與直的審辯，是司法的法理成長的活水源頭，這方面是台灣司法較為欠缺的地方。

三、法官評鑑機制

現行制度下，法官淘汰與公務員懲戒制度相似，於司法院議決懲處法官後，必須先交由監察院彈劾，再移送司法院公懲會審議通過撤職。但多年實際運作下來，罕見有法官被淘汰出局。法律給予法官終身職的目的是保護其司法獨立審判，不受任期之壓力與免於不當解職的顧慮，而不是因終身職的保護而任其為所欲為，對於貪汙腐敗、不適任的法官快速建立法官評鑑機制，予以淘汰，否則不足以拯救病入膏肓的司法。目前司法院對於司法人員風紀採取人員制衡、人員訪查，及政風單位特蒐等方式達行政監督之效，但是這些方式皆非法制化，希望能藉由「法官法」讓司法人員評鑑制度化。

因朝野及社會各界對建立法官評鑑機制早有共識，「法官法」的推動已經20年之久，但仍一事無成。目前各方主要爭點，大致集中在法案名稱、立法涵蓋範圍、評鑑組織隸屬，及其組成方式、評鑑方式及適用對象等；另對司法官的任用、保障、福利等，也有與公務員差異過大的質疑。

司法院版本主張制定「法官法」，檢察官部分則以「準用」方式另立專章。《法官法》草案規定在司法院內新設立「評鑒委員會」議決不適任的法官，送交監察院彈劾，再送交公懲會委員長及4位法官組成的「司法院職務法庭」審議通過懲戒，最重可以撤職，被懲戒的法官，亦將無法領取退休金。評鑑委員會由民間人士與官方共同組成，民間人士占十一分之八。職務法庭則由司法院公懲會委員長及各法院法官合計五人組成，都是官方代表，只針對故意或重大過失等情況，進行主動或被動受理評鑑

行政院法務部是主管檢察事務的單位，對檢察官的地位當然力加維護，支持「司法官法」、將法官與檢察官在同一個法律規範，蓋審檢分立只是司法權內部的分權，並非將檢察權排除在司法權之外又沒有受到監督，這將是司法的一大危機。

民間則另行研擬的「法官檢察官評鑑法」。各方推動的法官評鑑版本甚多。

立委柯建銘版（即民進黨版，接受民間司改會的意見）設有負責評鑑的評鑑委員會，以及負責懲戒的職務法庭。柯版主張設在監察院下，均應由民間人士與官方共同組成，民間人士要各占9/11及4/7。主張全面、常態評鑑，除對特殊個案做評鑑，更要每年對全體法官及檢察官進行一般性評鑑。

四、司法改革

民國88年全國司法改革會議，絕大多數由司法院及律師界等封閉人士所主導，徒慕外國法制及學理，毫不重視本土及基層民意，導致人民司法受益權淪爲空談，民眾普遍不信賴司法的公正性，導致近來司法風紀敗壞變本加厲。民國98年版法官法草案，被視爲司法改革救命萬靈丹，以法官法草案第五條爲例，仍然堅持法律菁英主義，完全排除一般國民參與監督，違反世界潮流，法官法草案應一併配合公務員懲戒法檢討，訂定客觀績效標準，對法官及檢察官進行評鑑，由民間司改團體、律師公會、公民團體、NGO及法學教授，共同參與辦理法官及檢察官的長期評鑑。

目前投入司法改革的方案很多。在律師方面，他們成立民間司法改革基金會和法律扶助基金會；在法官方面，他們有民主方式決定分案、廢止送閱制度、設立人事審議會等；在檢察官方面，他們提出檢察人事審議會、檢察總長任命，和設立特偵組等建議。

這些改革方案或建議當然都有助於台灣司法的改善，但我們認爲最重要的改革在於法律教育的普遍提升，包括司法人員的養成和訓練，以及一般人民法律知識的提高，另外社會心態的改變也是很重要的司法改革。所謂社會心態的改變包括民主素養和社會正義感的培養。社會的制裁力量並不亞於法律制裁的力量。

參考文獻

1.台灣與香港民事司法制度改革之簡單比較http://www.iias.sinica.edu.tw/upload/webstyle_default/ch1d-2.pdf

2.王金壽。司法獨立與司法可問責性http://myweb.ncku.edu.tw/~wangc/data/

judicature.PDF

3.楊智傑。人身自由與訴訟權New_5840.wwwts.au.edu.tw/front/bin/download.phtml?

4.王泰升。台灣法律史概論。台北：元照。2004。

5.司法院司法行政廳。百年司法。台北：司法院。2006。

6.檢察官改革協會。台灣檢察制度變遷史。

7.「一般民眾對司法認知調查」結果摘要分析http://www.judicial.gov.tw/juds/4_u95.pdf

8.法院要有讓人民安心接受裁判的信任。2010-08-26聯合報【社論】http://blog.sina.com.tw/yi0127/article.php?pbgid=38630&entryid=626569。

9.孔傑榮批台灣司法成「馬戲」。自由時報2009/1/20http://www.libertytimes.com.tw/2009/new/jan/20/today-o3.htm

10.台灣司法人權觀感調查　負面大於正面〔自由時報記者湯佳玲／2010/12/4台北報導〕。http://tw.news.yahoo.com/article/url/d/a/101204/78/2icdl.html

11.王金壽。台灣司法改革20年：邁向獨立之路。思與言第46卷第2期，頁133-174。2008。

12.台灣司法百廢待舉（南方朔）。（大馬星洲日報）世華媒體。2010.01.18 http://www.mediachinese.com/node/2493?tid=18

13.民間司改會。司法改革人民爲主 2010/11/19【台灣法律網】http://www.lawtw.com/article.php?template=article_content&area=&parent_path=,1,6,&job_id=166580&article_category_id=19&article_id=92851

14.林孟皇。司法改革從最高法院開始2010-07-29中國時報http://forum.chinatimes.com/default.aspx?g=posts&m=4099

15.自由時報社論。2010。司法改革不是一句「只要法官不貪污」就可奏效 2010/8/26 http://www.libertytimes.com.tw/2010/new/aug/26/today-s1.htm

16.張學海。2010。司法改革要對症下藥！自由時報2010/9/12http://www.lawtw.

com/article.php?template=article_content&area=free_browse&parent_path=,1,188,&job_id=164107&article_category_id=1206&article_id=90963

17.中國時報社論。2010。司法改革需要「局外人」參與。2010-08-03 http://blog.roodo.com/lchintwnews/archives/13323705.html

18.城仲模。司法制度的今昔與未來 www.tlp.org.tw/ActivityDownloadFile.ashx?ActBodySn=81&FileNo=1

19.石之瑜。台灣司法獨立中的法官信用問題http://www.chinareviewnews.com/doc/1008/5/6/8/100856821.html?coluid=7&kindid=0&docid=100856821。2009。

20.顏若瑾、王寓中。民主人權調查司法最差。自由時報http://www.libertytimes.com.tw/2010/new/dec/9/today-p5.htm。2010。

21.林峰正。法官評鑑不該是無牙老虎。蘋果日報2010-07-29 http://tw.nextmedia.com/applenews/article/art_id/32696662/IssueID/20100729。2010。

22.張學海。建議馬總統參考日本設置「司法制度改革審議會」。2010/9/1【台灣法律網】http://www.lawtw.com/article.php?template=article_content&area=&job_id=163611&parent_path=,1,6,&article_category_id=18&article_id=90550

23.戴世瑛。從死刑存廢到司法改革。2010/10/26北京師範大學演講詞摘要http://www.lawtw.com/article.php?template=article_content&area=&parent_path=,1,784,&job_id=166442&article_category_id=1169&article_id=9276

24.柯于凡、陳冠蓁、蘇毓琇。淺談台灣司法制度。http://163.22.41.3/diary/full.asp?title=%B2L%BD%CD%A5x%C6W%A5q%AAk%A8%EE%AB%D7。

25.張升星。這樣的司法還有救嗎？2010-07-20中國時報。http://www.hi-on.org.tw/bulletins.jsp?b_ID=101770。

26.中國時報社論。別讓鄉愿葬送掉台灣的司法。http://jrftaiwan.blogspot.

com/2010/08/blog-post.html。2010。

27.民間司改會。新任司法院長的司改功課。2010/8/28【台灣法律網】http://jrftaiwan.blogspot.com/2010/08/blog-post_3509.html。

28.作者及日期不詳。檢察體系的改革http://www.jrf.org.tw/reform/supervise_1_1a_2.htm

29.司法院網站http://www.judicial.gov.tw/

30.行政院法務部網站http://www.moj.gov.tw/mp001.html

問題討論

1.在三權分立（或五權分立）的架構下，司法的主要功能是什麼？

2.我國的司法體制是屬於大陸法系或英美法系？這兩種法系的差異在哪裡？

3.司法院和行政院法務部的職權有什麼差別？

4.民事和刑事有什麼差別？

5.你能舉出幾個台灣司法的弊端嗎？

6.你能舉出幾個改革台灣司法弊端的措施嗎？

台灣的國際關係

長榮大學國際企業系　廖勝雄

前言

由於特殊的地理位置，台灣很早就呈現明顯的海洋性和國際性。從15、16世紀世界進入海權時代，在海權爭霸的國際環境中，台灣也開始走進近代的世界舞台。台灣的國際關係概略可區分爲「荷西殖民時期」、「明鄭時期」、「滿清統治時期」、「日據時期」、「中華民國時期」，各呈現不同的內涵和特徵。

荷西殖民時期展現了殖民、經商貿易與傳教佈道的風貌，台灣承受了海洋文明的初步洗禮。

明鄭時期的東寧王朝，一方面致力發展國際貿易，走向國際化；另一方面引進中原的文教制度，有中西合璧的雛形。

滿清統治時期，自1684至1885年的200年間，清朝閉關自守，不重經貿，台灣原本的海洋經貿特色因此大減，過去做爲遠東貨物集散中心的地位大大跌落。1860年後，清朝因兩次英法聯軍，被迫訂約，列強要求在台灣開港，清朝遂在安平、淡水正式開港通商，其後，台灣的貿易才又迅速擴張。基督教也隨之再度傳入台灣，爲台灣帶來新知識、新醫療、新教育，對民智的啓發與社會變革有很大的影響。

日據時期（1895～1945），新帝國主義的日本已進入明治維新時期，具現代性格。日本開始在台灣進行有計畫的各項近代化建設。進入20世紀的台灣，開始脫胎換骨；經過50年的日本殖民統治，產生結構性的改變，其中尤以基礎教育的普及影響甚大，使得台灣人的文化和價值觀，以及台灣社會的近代化，都起了相當的變化。

中華民國時期（1945～），1945年8月，日本宣布無條件投降。日本於舊金山和約中宣示「放棄對台灣及澎湖列島的一切權利、權利依據及要求」。和約中未明文規定日本放棄之後，台、澎主權的最終歸屬，亦即台灣在法律上的地位，特意被置於未確定的狀態。

1950年6月25日韓戰爆發，6月27日美國杜魯門總統發表「台灣海峽中立化」宣言，命令美軍第七艦隊巡防台灣海峽。1954年12月3日，美國與台灣簽署「中美共同防禦條約」，確保台灣的國防安全。在此條約，美國對「台灣的法律地位未定」的態度毫無改變，簽約的前日，國務卿杜勒斯在記者會上說：「台灣及澎湖群島的主權尚未解決，舊金山和約與中日和約，均對於台灣的將來歸屬未做決定。」中華民國在台灣的國際關係自1950～1971是屬於「一個中國時期」，因爲此段期間美國採取反共圍堵政策，台灣屬自由陣營的戰略要衝，因此得以「中國唯一合法政府」保有聯合國席位，並與大多數國家維持外交關係。

1971年10月25日，中華民國被迫退出聯合國。從此，中華民國的國際關係有了很大的變化，1972年9月，中共與日本簽署建交聯合公報，中華民國與日本正式斷交。1979年1月1日，美國與中華人民共和國正式建交。台美雙方分別於台北和華盛頓成立「北美事務協調委員會」和「美國在台協會」，在沒有正式外交關係下，處理雙方之間的一切事宜。同年4月10日，美國國會通過「台灣關係法」。

台灣面對1970年代的外交情勢，改採用「彈性外交」、「實質外交政策」做爲因應。自1987年解除戒嚴，1988年李登輝繼任總統後，開始進入「務實外交」的階段。1999年，李登輝總統接受「德國之聲」的專訪，強調台海兩岸不是合法政府與叛亂團體，也不是中央政府與地方政府的「一個中國」內部關係，台灣與中國是「特殊國與國的關係」。

2000年，民進黨執政以後，台灣的國際關係更呈現以台灣爲主體，彰顯民主人權，落實由台灣2300萬人決定自己的前途。2002年8月2日，陳水扁總統針對台海兩岸的關係明確宣示台灣要走自己的路，台灣是一個主權獨立的國家，發表「台灣、中國，一邊一國」的論述，凸顯台灣與中國互不隸屬的事實。

2008年5月，台灣再度政黨輪替，馬英九總統執政。馬英九執政前，信誓旦旦：台灣就是中華民國，任何損及台灣主權、利益、尊嚴的作爲，絕不能接受，也宣示接下棒子後，一定會用生命捍衛台灣的主權。唯上任不久，即宣布外交休兵政策，也推動兩岸「僑務休兵」，希望兩岸停止無謂的對立與鬥爭。馬英九總統執政兩年來，以兩岸關係做爲決策思維的主體，改變了以往外交、國防、兩岸並重的國家安全策略。在「兩岸要開放、外交要休兵、軍事無成長」的決策下，馬政府獨重兩岸，相對輕忽了外交、國防；尤其對照中國在外交、軍事上，並未有相對的休兵，仍然有積極、實質的發展作爲，甚至在國際外交空間，仍在一中的大前提下，處處打壓或設法矮化台灣的國際地位和尊嚴。

美日等國雖對馬政府的親中政策未明言反對，但兩國重要人士私底下都很想知道：「台灣究竟想往哪裡去？」美日也密切關注「兩岸經濟合作架構協議」（Economic Cooperation Framework Agreement, ECFA），國共兩黨對此定調是先經濟後政治，其後政治議題要談什麼？美日對是否侵害到其在東亞的利益已高度警戒防範。

由歷史觀之，台灣的命運從未掌握在台灣人民的手中，完全受制於外在的國際局勢，尤其受制於周圍列強。列強都基於其國家利益及戰略考量，來對待台灣的問題。

當前，中國希望藉著多方結盟與美國抗衡，亟盼成爲主導國際體系的強權。美國未來全球戰略的重心，仍然會在亞太地區，其全盤戰略部署也以反制中國的擴張爲主。未來，美、中仍會進行一連串的權力競逐，美、中雙方互相抗衡，是不可避免的。而強權的戰略，將會決定台灣的前途。

在強權戰略之下生存的台灣，如何凸顯其特有的戰略地位和價值，珍惜善用得來不易的民主、人權、法治的文明成就，永續發展台灣的經貿成果，擴大國際社會友我的各種力量，凝聚台灣人民的主體意識，深思未來世代的前途，在在都需要有前瞻性的智慧思維。

從台灣看世界　從世界看台灣

由於特殊的地理位置，台灣很早就呈現明顯的海洋性和國際性。15、16世紀世界進入海權時代。在海權爭霸的國際環境中，台灣也開始走進近代的世界舞台。17世紀初，除了一些日本人、漢語族人、海盜遊走進出台灣之外，西方重商主義的國家也企圖染指台灣。

西元1557年葡萄牙船隻路經台灣，讚嘆台灣爲"Ilha Formosa"（美麗之島）。16世紀以來，台灣逐漸成爲各國海上貿易的中途站。

荷西殖民時期

1604年荷蘭人占領澎湖，1624年入侵台灣建熱蘭遮城。1624～1662年荷蘭人在台灣建立殖民政權。西班牙人於1626年自菲律賓派兵占領雞籠，1629年攻占淡水河，與南部的荷蘭人展開殖民與商業競爭，經過16年的競爭，在嘉南平原上擁有米、糖、鹿皮等經貿大宗的荷蘭，最後趕走了北部的西班牙人。荷蘭統治台灣約38年，積極發展貿易，並以台灣做爲中國、日本、南洋、歐洲等地的貨物集散中心。此時的台灣，已躍入以出口貿易爲導向的海洋文明體系。1650年左右，荷蘭東印度公司在台灣的每年純收益約40萬荷幣（約四噸黃金），獲利豐碩。

荷蘭殖民台灣的最大動力是經商貿易，但除了推動商務之外，也同時傳教佈道。平埔族部落成爲荷蘭牧師進行傳教的主要對象，他們用羅馬拼音文字寫成平埔語的聖經。新港社到了1659年，其住民已有83%信仰基督教。

1592年，日本豐臣秀吉曾派人招降台灣。1615年德川家康出兵台灣，遇颱風兵敗而返。

明鄭時期

1647年起，「反清復明」的國姓爺鄭成功，據守閩南沿海及金門、廈門等地，苦撐十幾年不得結果。鄭氏在1662年圍攻台灣，荷蘭人於1662年2月1日正式向鄭成功求和，並簽訂了合約（台灣第一份國際性合約）。

鄭成功於攻取台灣五個月後即去世，由其子鄭經繼位。1663年鄭軍全面撤出閩南沿海，進入台灣，成立東寧王朝。國際稱呼鄭經爲「台灣的國王」。鄭經一方面引進中原的文教制度，如設科舉、建孔廟；另一方面，相當國際化，致力發展國際貿易。台灣的糖，甚至銷到英國去，英國在台南還設有商務代辦。

滿清統治時期

1683年滿清派施琅第二次攻台獲勝，接收台灣，結束鄭氏政權在台22年的統治；1684年康熙皇帝正式將台灣納入清朝版圖，1885年始將台灣宣布爲中國的一省，期間200年，因清國乃封建古國，閉關自守，不重經貿，台灣原本的海洋經貿特色因此大減，過去做爲遠東貨物集散中心的地位大大跌落。

19世紀中葉以後，由於台灣的煤、硫磺、樟腦等產物的誘惑，英、美等西方列強曾有意染指台灣。1860年後，清朝因兩次英法聯軍，被迫訂約，列強要求在台灣開港，清朝遂在安平、淡水正式開港通商。至此以後，聞風而來要求通商的國家有英、美、德、葡、荷、西、比、義、丹麥、日本、澳洲、祕魯、巴西等國，當時全球只有三十幾個國家，來台通商的國家幾乎占了一半。台灣的貿易又迅速的擴張。

台灣開港以後，基督教也隨之再度傳入台灣。南北分別有英國蘇格蘭長老教會和加拿大長老教會致力傳教，從而使長老教會成為在台灣的主流教派。從文化傳播觀點看，為台灣帶來新知識、新醫療、新教育，對民智的啓發與社會變革有很大的影響。

1894年，滿清為了朝鮮主權問題，和日本發生甲午戰爭，日本打敗滿清，雙方簽訂馬關條約。自1895年，將台灣、澎湖「永遠讓與日本」。

日據時期（1895～1945）

1896年，日本國會通過第63號法律，授權台灣總督，准其發布與法律同等效率的行政命令，這是日本在台灣實行殖民統治的根本大法。

此時，新帝國主義的日本，已進入明治維新時期，具現代性格。日本在台灣進行有計畫的各項近代化建設，在跨入20世紀的門檻前，台灣開始有幾項重要的基礎建設，如：自來水道、台灣銀行、縱貫鐵路工程等。其後，對於郵政、電信、航運、港灣、公路等交通事業也加緊開展。

進入20世紀的台灣，開始脫胎換骨；經過50年的日本殖民統治，產生結構性的改變，其中尤以基礎教育的普及影響甚大，使得台灣人的文化和價值觀，以及台灣社會的近代化，都起了相當的變化。

日據時期，台灣總督府為了處理涉外事務，於總督府內設置「外事部」。另各國也多於台灣設置外交辦事處，以處理經商等事務。其中，也有國家設置領事館，如：1913年，美國就將原辦事處升格為台灣領事館。1935年的台灣博覽會，呈現台灣外交史上重大的成果，包括：中國、菲律賓、泰國、滿洲國等都前來台灣參展。

中華民國時期（1945～）

1945年8月，日本宣布無條件投降：「日本帝國政府及日本帝國大本營向聯合國最高統帥無條件投降」。再由聯合國最高統帥麥克阿瑟將軍指派中國戰區最高統帥蔣介石接受日軍在中國戰區的投降，台灣就由蔣介石派人接管。

日本於舊金山和約中宣示「放棄對台灣及澎湖列島的一切權利、權利依據及要求」。和約中未明文規定日本放棄之後，台、澎主權的最終歸屬，亦即台灣在法律上的地位，特意被置於未確定的狀態。總之，「舊金山和談」會議是照美國國務卿杜勒斯所寫的腳本，由英美共同演出的一幕國際政治劇。劇中，做爲冷戰下的美國世界戰略，即「圍堵共產圈」政策的一環，將「台灣問題」擱置下來。

1945年10月25日，陳儀受命至台灣受降，國民政府開始統治台灣。其後，國共發生內戰。1949年1月21日蔣介石第三次下野。同年12月9日，國民黨撤退來台。1950年3月1日，蔣介石在台北自行宣布復行視事。

1950年6月25日韓戰爆發，6月27日美國杜魯門總統發表「台灣海峽中立化」宣言，命令美軍第七艦隊巡防台灣海峽。1951年1月，美國恢復對台軍事援助。同年5月，美軍顧問團成立。1952年，簽訂「中日和約」。1954年9月3日，中共大舉砲擊金門。同年12月3日，美國與台灣簽署「中美共同防禦條約」，確保台灣的國防安全。美國旨在以此條約，一方面阻止中共的「解放台灣」，另一方面嚴格地限制國民黨的行動範圍，抑制蔣介石冒險反攻大陸。在此條約，美國對「台灣的法律地位未定」的態度毫無改變，簽約的前日，杜勒斯在記者會上說：「台灣及澎湖群島的主權尙未解決，舊金山和約與中日和約，均對於台灣的將來歸屬未做決定。」1958年8月23日，發生八二三炮戰。同年10月25日，中共對金門宣布「單打雙不打」。1960年6月18日，美國總統艾森豪抵台訪問。

當1958年隔海砲戰之際，蔣介石與杜勒斯發表共同聲明：「國民黨放棄用武力收復大陸」。在這個時期，美國一方面採取「圍堵中共」的政策，另一方面也試圖與中共溝通、接近。1955年8月1日，在日內瓦舉行一次美中大使級會談以後，至1972年尼克森總統訪問北京爲止，美中之間陸續舉行了共兩百餘次的大使級會談。

簡言之，中華民國在台灣的國際關係自1950～1971年是屬於「一個中國時期」，因此段期間美國採取反共圍堵政策，台灣屬自由陣營的戰略要衝，因此得以「中國唯一合法政府」保有聯合國席位，並與大多數國家維持外交關係。

1971年10月25日，中華民國被迫退出聯合國。中華民國原本是聯合國的創始會員國之一，然而1949年中華人民共和國建政之後，其外交部便向聯合國提出要求，應由北京代表取代蔣介石之代表。從1951～1970年，中國代表權問題一再受到擱置，直到1971年10月25日聯合國大會通過由中華人民共和國取代中華民國的中國代表席次。從此，中華民國的國際關係有了很大的變化。1972年9月，中共與日本簽署建交聯合公報，中華民國與日本正式斷交。1979年1月1日，美國與中華人民共和國正式建交。同年2月15日，分別於華盛頓和台北成立「北美事務協調委員會」和「美國在台協會」，在沒有正式外交關係下，處理雙方之間的一切事宜。同年4月10日，美國國會通過「台灣關係法」，其中包含台灣安全保障條文；明列美國總統與國會磋商，依憲法程序因應台海危機。其立法主旨稱：「本法乃爲協助維護西太平洋地區和平，安定與穩定，並授權保持美國與在台灣的人民之間的商務、文化以及增進美國的外交關係，以及其他目的。」其中的一項基本期望，乃台灣之未來將以和平手段解決。任何非和平手段均爲對西太平洋地區的威脅，且爲美國所嚴重關切。

1981年3月，國民黨第十二次大會通過「以三民主義統一中國」案。

1982年7月，蔣經國提出對中共的「三不政策」（不接觸、不談判、不妥協）。

概言之，台灣面對1970年代的外交情勢，改採用「彈性外交」、「實質外交政策」做爲因應。自1987年解除戒嚴，1988年李登輝繼任總統後，開始進入「務實外交」的階段。1990年代的國際體系是共產主義集團國家的解組，國際秩序中的軍事因素下降，經濟因素重要性提升，區域經濟組織增多。1989年，亞太經濟合作會議（APEC）成立。

1990年10月，亞太經合會（APEC）決定中國、香港及台灣同時加入爲會員。中國在1989年「六四天安門事件」之後，進入新的經濟改革，台灣開放探親，結束動員戡亂時期，台灣與中國關係日趨密切，但中國堅持「一個中國」、「一國兩制」，封殺台灣的外交空間；台灣須以其他方式，如「一個中國，兩個政治實體」或「分裂分治」的方式與中國進行外交的折衝。外交政策轉趨彈性化、務實化，不進行「零和」競爭，堅持中華民國在台灣是一主權獨立的國家，以經貿實力和功能主義打破中國的外交封鎖，力保中華民國的國際地位。1993年4月，「辜汪會談」也首次在新加坡召開。此期間台灣也積極參與國際組織，如：積極爭取參加聯合國，也於1992年11月以「台澎金馬關稅領域」身分加入「關稅暨貿易總協定」（GATT）爲觀察員。GATT於1995年蛻變正式成立爲世界貿易組織（WTO）。〔2002年1月1日，台灣經過約十年多的努力，成爲世界貿易組織（WTO）的完整會員國，目前，也積極參與杜哈回合談判，期盼對全球的自由貿易與經濟發展，發揮正面的貢獻。〕

1988～2000年，李登輝總統執政時期，務實外交收到相當的成果，在邦交國方面1988年只有22國，至1995年有30國，在提升無邦交國的實質關係方面，美國將我國之駐美機構更名爲「台北經濟文化代表處」，日本亦同意將駐日代表處改爲「台北經濟文化代表處」。1990年在無邦交國設代表處或辦事處有47國73處，有九國冠有正式國名；至1994年，已在61個無邦交國設93個代表處或辦事處，有17國冠上中華民國國號。至1994年，台灣是十個政府間國際組織的會員國，非政府間國際組織有參與的共計811個。

務實外交雖有成果，但仍有其困難和局限，如中國仍然極力阻擾打壓，而邦交國大多是中南美洲或非洲的小國，人口和經濟在國際上不甚重要，30個有邦交國家對台貿易只占我國對外貿易的5%，經援外交常基於現實利益而非長期利害關係，較不穩固。

要言之，台灣的國際關係，在1971年不再參與聯合國之後，憑藉著經濟發展上的成績，仍在國際社會上受到不少的矚目。政府也漸漸轉向以經濟援助一些小型發展中國家來謀取外交地位，在李登輝時代稱之爲「務實外交」。唯台灣的國家定位不明確，堅持「一個中國」，或「中華民國在台灣」，也有其爭執之處。因中國已等同中華人民共和國，而「中華民國在台灣」則非一主權獨立國家的正式名稱，統一中國的政策又讓各國難以拿捏台灣與中國的分際，這種「創造性的模糊」導致吾人對國家定位的混淆，自陷於外交的窘境。例如，爭取參加聯合國到底以何種名稱加入、何種方式加入，莫衷一是，讓國際間都難伸援手。權衡台灣的經貿實力，兼顧台灣的主體意識與整體世界觀，如何在經濟互動與地緣政治之間取得微妙的平衡，將有賴台灣的所有從政者與人民共同發揮智慧與耐性。

1999年，李登輝總統接受「德國之聲」的專訪，強調台海兩岸不是合法政府與叛亂團體，也不是中央政府與地方政府的「一個中國」內部關係，台灣與中國是「特殊國與國的關係」。李登輝政府發表「特殊國與國的關係」具體內容，包括「我國憲法的地域效力僅及於台灣」、「中華人民共和國有效且合法統治中國大陸」、「台灣的民意機關代表由台灣人民選出」、「台灣總統、副總統由台灣人民直選」、「台灣國家機關統治的正當性來自台灣人民，與中國大陸人民完全無關」。

2000年，民進黨執政以後，台灣的國際關係更呈現以台灣爲主體，彰顯民主人權，落實由台灣2300萬人決定自己的前途。2002年8月2日，陳水扁總統針對台海兩岸的關係明確宣示台灣要走自己的路，台灣是一個主權獨立的國家，發表「台灣、中國，一邊一國」的論述，凸顯台灣與中國互不隸屬的事實。民進黨執政八年期間，也積極推動參與聯合國，皆透過友邦在聯合國提出台灣參加聯合國的提案，也都在聯合國內引起熱烈的激辯，唯每次皆在中國的打壓封殺下，不得其門而入。另外，如積極爭取參加世界衛生組織（WHO）也都引起廣泛的國際注意。

1990年代以後，台灣與中國的經貿、民間的往來日益頻繁，但在政治外交關係上難有進展，1993年8月中國國務院發表「台灣問題與中國統一白皮書」，台灣的陸委會在1994年7月公布「台海兩岸關係說明書」予以回應。中國方面一貫堅持「一個中國」、「一國兩制、和平統一」，不承諾放棄使用武力。因此，兩岸關係一直在對抗、衝突與互動協調間發展。而台灣也一直在主體性、主權獨立國家平等互動、建構族群命運共同體之考量下，藉著維持經貿實力與全方位的國防戰略，努力維持台灣的安全發展與尊嚴。

2008年5月，台灣再度政黨輪替，馬英九總統執政。馬英九執政前，信誓旦旦：台灣就是中華民國，任何損及台灣主權、利益、尊嚴的作為，絕不能接受；也宣示接下棒子後，一定會用生命捍衛台灣的主權。

唯上任不久，即宣布外交休兵政策，也推動兩岸「僑務休兵」，希望兩岸停止無謂的對立與鬥爭。2008年6月4日，「六四」19週年時發表感言，不再提六四平反、中國人權、西藏問題，反而以四川大地震為例，首次定位中國30年改革開放已有成果。同年8月15日，宣布將透過友邦提案，要求「有意義參與聯合國專門機構活動的權利」，未再提參加聯合國。9月聯合國大會開議，台灣16年來首次無友邦代我提案入會聯合國。9月3日，馬總統接受墨西哥「太陽報專訪」表示：台灣與中國雙方的關係，應該不是兩個中國，而是在海峽兩岸的雙方之一種特別的關係。2009

年6月，馬總統接受《天下雜誌》專訪，提出不統、不獨、不武，「不統不是排除統一這個選項」，而是任期內不討論統一。

馬英九總統執政兩年來，其以兩岸關係做爲決策思維的主體，改變了以往外交、國防、兩岸並重的國家安全策略。在「兩岸要開放、外交要休兵、軍事無成長」的決策下，馬政府獨重兩岸，輕忽了外交、國防；尤其對照中國在外交、軍事上，並未有相對的休兵，仍然有積極、實質的發展作爲，甚至在國際外交領域，仍在一中的大前提下，處處打壓或設法矮化台灣的國際地位和尊嚴。然而馬政府卻未能感受這種危機，甚至沾沾自喜於外交休兵政策。事實上，美日等國雖對馬政府的親中政策未明言反對，但兩國重要人士私底下都很想知道：「台灣究竟想往哪裡去？」

儘管兩岸目前是以經貿議題爲主，但中方近來接連拋出政治議題的風向球，這種氛圍讓美日非常憂心，頻頻探詢雙方到底談到何種程度？

美方也密切關注ECFA，國共兩黨對此定調是先經濟後政治，其後政治議題要談什麼？美日對是否侵害到其在東亞利益已高度警戒防範。

結語

由歷史觀之，台灣的命運從未掌握在台灣人民的手中，完全受制於外在的國際局勢，尤其受制於周圍列強。列強都基於其國家利益及戰略考量，來對待台灣的問題。例如：韓戰凸顯了台灣做爲西太平洋反共堡壘的戰略價值，因此使美國派遣第七艦隊協防台灣，並簽署「台美共同防禦條約」。然而，隨著1979年美中關係正常化，台灣逐漸失去做爲美國在亞太地區軍事前進基地的地位，而變成美中互動過程中雙方談判的籌碼。1980年代起，「台灣問題」在美中互動中明顯趨於緩和，成爲雙方多元議題談判中的籌碼。強權的戰略，將會決定台灣的前途。

值此21世紀初期，國際體系由美、中兩強所主導，中國雖然不斷倡議「多極化」的世界格局，希望藉著多方結盟與美國抗衡，其實希望最終成爲主導國際體系的強權。而美國未來全球戰略的重心，仍然會在亞太地區，其全盤戰略部署也以反制中國的擴張爲主。未來，美、中仍會進行一連串的權力競逐，美、中雙方互相抗衡，是不可避免的。

在美、中強權戰略之下生存的台灣，如何凸顯其特有的戰略地位和價值，珍惜善用得來不易的民主、人權、法治的文明成就，永續發展台灣的經貿成果，擴大國際社會友我的各種力量，凝聚台灣人民的主體意識，深思未來世代的前途，在在都需要有前瞻性的智慧思維。

註：本文純為授課參考之用，乃蒐集、輯錄研究台灣諸先進學者之著作或專文而成，特別向張勝彥、李筱峰、陳隆志、呂秀蓮、許紹軒、吳密察、張德水、江燦騰、陳正茂、吳文星、溫振華、戴寶村、尹章義、黃秀政、賴澤涵、程大學等學者及專家致謝。

問題討論

1.台灣的特殊地理位置，具有何種戰略價值？它對西太平洋的國際關係有何影響力？

2.日據時期的各種基礎建設，對台灣後來的發展有何特別的意義？

3.舊金山和約對台灣的主權和歸屬做了何種規範？各國如何看待？

4.中美共同防禦條約的實際內容爲何？它對海峽兩岸的關係產生什麼影響？

5.中國於1971年進入聯合國之後，對台灣的國際關係產生哪些衝擊？

6.何謂「務實外交」？

7.李登輝的「特殊國與國的關係」有哪些具體內容？

8.陳水扁的「一邊一國」論述要旨爲何？

9.馬英九的「外交休兵」成效如何？

10.美日如何看待「兩岸經濟合作架構協議」ECFA（Economic Cooperation Framework Agreement）？他們對台灣與兩岸關係有無憂慮？

11.台灣應該如何開展未來的國際關係？

12.台灣的人民應該如何展望台灣的前途？

台灣意識與台灣精神的哲學詮釋

長榮大學哲學與宗教學系　葉海煙

前言

在台灣社會已然建構出高度主體性的這個時候，我們對自己身爲「台灣人」的身分，顯然不能不進行深刻的反思——從「台灣意識」的意理結構，展開符應理性的探討，以發掘「台灣的精神」做爲台灣人生命之動力與心靈之總和的眞實意蘊。由此，再進而解構台灣人正在形塑中的國民性格，以理解台灣人身爲一國之民（是人民，是國民，更是公民）的實際境遇，以及未來諸多之可能，以期有助於戡定台灣人的文化志向與生命願景——其間，由自我認同、自我超越以迄於自我之實現，乃同時由希望的追尋、改變的行動以至於價值的踐履，逐步體現台灣人的精神自覺，以終底於「台灣人」眞正現身於人文的台灣、公義的台灣，以及自由而幸福的台灣。

一、台灣意識的意理結構

基本上，台灣意識是一社群意識，而「社群」（community）之形成與「生活世界」（life world）之構建，二者實乃一體兩面，相即相應。也就是說，在先民分別於不同的時候，經不同的管道，並且以不同的生活模式與價值取向，在這個島上經營出特殊、獨立而自主的社群之後，「台灣」便不只是一地理名詞，而它同時也不是附屬於某一政治強權與經濟霸權的區域或種族之名號。因此，台灣意識作爲斯土斯民所凝聚而生發的主體性思維，它所蘊藏的意理成分乃包括了歷史的、人文的、理性的、情感的、表述的、行動的，以及足以肇致生活與世界相應而互動的各種精神滋養，而其中豐郁而深邃的內涵，更在在值得吾人參與之，探索之，甚至變化之，再造之。

而台灣意識究竟起於台灣歷史的哪一個階段，似乎已難以仔細考究；與台灣意識相關相繫的文本材料又到底源自於哪些人的創作，也顯然很難有確切的定論。但無論如何，歷史自有其足以讓吾人大顯身手的機遇，而吾人也總是在時空交織的各個生活場域裡，不斷地運作著多元多變的生活模式。由此看來，台灣意識做爲台灣人自覺爲一社群的思維系統、情意脈絡與精神向度，它乃可供有志之士進行同時具有偶然性、或然性、必然性與應然性的多重論證的可能。於是，如連雅堂通「台灣」而作史，便不會是個人可以專擅之解釋權力，而那高舉於暗黑歷史背景之上標名「台灣」之旗幟，更大有機會飄揚於任一時代所推送而成的文化峰頂。又如「台灣民主國」偶然的曇花一現，則早已是歷史灰燼裡閃滅不定的一點火花，但它卻也可以讓所有關切台灣命運者報以悲憫悽惻之情。

因此，在昔日「日本精神」已然作古，而中國與台灣、台灣與世界，以及台灣與未來互爲犄角的張力依然現前之際，「台灣意識」其足以讓台灣人自知自覺而奮起的精神動力，究竟該如何有助於台灣人之自主、自救以至於自我解放於當代世界的各種意識糾結、政治壓制與經濟牽連之外，似乎已然是現代台灣不能不面對、不能不及時做出回應的艱鉅課題。如此一來，對台灣意識的基本屬性、意理結構、行動取向以及未來的出路，吾人顯然不能有所迴避、不能有所輕忽：

首先，我們應可如此界定台灣意識的基本屬性：

1.台灣意識的歷史性

2.台灣意識的文化性

3.台灣意識的在地性

4.台灣意識的普世性

5.台灣意識的開放性

6.台灣意識的未來性

此外，台灣意識是自有其意理結構，而這當然可以經由台灣意識從過去向未來一逕延伸展拓的思維，做如下五個面向的理解：

1.台灣人自我盼望的思維（希望的哲學）

2.台灣人自我改變的思維（改變的哲學）

3.台灣人自我成長的思維（歷程的哲學）

4.台灣人追求理想的思維（理想的哲學）

5.台灣人再造生命的思維（生命的哲學）

至於台灣意識的行動取向，則有下述基礎性的課題：

1.自我認同的辯證與弔詭

2.多元文化的歧出與競合

3.社會工程的漸進與改造

4.政治經營的擘劃與踐履

5.國家想像的可能與範限

如此一來，台灣意識的未來出路，則應可在台灣意識的「法度」之中，展開無窮的可能與無限之願景——法者，乃台灣人之自我醒覺與自我規範；度者，乃台灣人之自我量度以至於自我之行動與自我之超越。而如此的努力其實都在「台灣學」的全幅之內，其基本之向度則如下述：

（一）台灣文本書寫及其詮釋的深度

（二）台灣歷史視域及其全景的廣度

（三）台灣社群溝通及其行動的強度

（四）台灣未來發展及其精神的高度

而如果我們能依循上述四個攸關台灣意識未來發展的向度做全幅的探索，那麼「台灣學」便可在台灣人持續性的自我詮釋之中，拓展出兼具貫時性的歷史視域與社群性的溝通行動的綜攝意涵，以進一步展開具開放性與前瞻性的論述。

二、在台灣意識之中展拓「台灣學」

如今，「台灣學」做為「台灣研究」各個論域的全面性結集，其已然獲致的學術成果以及刻正發展中的思維歷程，實足以呈現「台灣學」的總體內容，做為開設「台灣學」通識教育課程所必需的基本素材。

「台灣研究」（Taiwan Studies）以總體架構與主要論域爲講授內容，而「台灣研究」已獲致的重要學術成果，則可讓我們進一步了解「台灣研究」之爲「台灣學」的核心意涵，並由此建構吾人對生於斯長於斯的這塊土地，以及由全體台灣人所開創的文化業績與生活世界的基本認知，而進一步形塑出對「台灣學」的正確評價，以及台灣學研究的多元進路及其論述模式。

而由「什麼是台灣學？」的提問，展開對台灣的地理、歷史、族群、環境以及生態的基本探索，然後再進一步對台灣的人文成就——包括台灣的科技、政治、經濟、文學與宗教，進行具有貫通性與全面性的研討。最後，再對台灣的現實處境以及相關之問題（包括台灣的社會問題、政治問題、司法問題以及台灣的國際關係所涉及的諸多難題），展開實質的討論，而最終則以「台灣人的精神意識及其價值思維」做總結，以全面審視「台灣學」可以在大學基礎教育中，被充分開發的教育價值與知識意涵。

此外，我們也應從方法論、行動論以及知識整合的實際規劃等面向，突出「台灣學」做爲人文整合學科的核心價值。同時，「台灣學」做爲人文學科，也勢必以理性討論與思考互動的模式，在互爲主體的對話與溝通之中，盡力破除歷來對台灣學的誤解以及諸多偏狹之觀念，並且在進行知識整合的過程中，不斷地回應當代人文學術的核心課題，進而建構下述六個彼此相互貫通的論述脈絡：

1.台灣人的自我認同

2.台灣人的思想啓蒙

3.台灣人的社會意識

4.台灣人的生活世界

5.台灣人的文化涵養

6.台灣人的終極關懷

由此看來，「台灣學」作爲一種具有引導性與通識性的跨界域的綜合學科，除了整合與「台灣學」相關的各個論域之外，其目的更在推動具有開放性、整全性與未來性的台灣研究。

三、「台灣精神」的主要意涵

如今，在「台灣學」研究方興未艾的氛圍之中，對所謂的「台灣精神」，實不能不進行全面性的探索。而「台灣精神」，或者稱之爲「台灣人的精神」，指的就是台灣人精神力的總體、台灣人心靈內容的總和、台灣人生命精神的總表現。而世上各民族在其歷史發展、社會建構、文化形成以及國家起造的過程中，其所貫注於民族總體生命力者，實不外乎下述四個基本元素：

1.全體人民共同之情感

2.全體人民共同之願景

3.全體人民共同之智慧

4.全體人民一起超克共同之困難與險境的意志力

因此，台灣人的精神自是包括全體台灣人共同之情感、共同之願景、共同之智慧以及共同之意志力。然而，在台灣人的精神仍然需要全體台灣人一起重塑的這個時候，我們對「台灣人的精神」是否能夠形成共識，而有共通而一致的了解與期盼，便成爲台灣人的精神能否重塑成功最具關鍵性的課題。當然，2300萬人做爲台灣社會與台灣國家的主體，已然不容外人質疑，更不許自家人自行踐踏。特別在民主化與本土化天經地義般地全面展開之際，我們所具有的「台灣人」的身分與名分，更不能無端地被汙衊。

而從血緣、生活、文化、歷史與環境等五個因素交互影響、彼此凝聚的觀點看來，台灣人的精神自有其複雜而豐沛的內涵值得探索，縱然它還是如此虛弱、如此不振、如此地不堪一擊。在此，我們就從「台灣人的精神」的歷史意義、文化意義、哲學意義、象徵意義以及未來的意義等五個向度，來探索「台灣人的精神」的眞實的意涵：

（一）「台灣人的精神」的歷史意義——數千年來，台灣人的精神由混沌不明到意氣昂揚，其間，台灣人是已然做了歷史的抉擇，而毅然決然地挺立在這塊土地上，起造屬己的家、屬己的國。

（二）「台灣人的精神」的文化意義——長久以來，在文化傳統有容乃大的前提下，台灣人又該當如何汲取世界文化的菁華，來鑄造出眞正的「台灣文化」？

（三）「台灣人的精神」的哲學意義——台灣人的精神顯然必須經過心靈的覺醒、思維的開發、文化的批判，以及自我的發現、自我的認同一以貫之的歷程，才可能構築出眞實而有力的「台灣人的哲學」。

（四）「台灣人的精神」的象徵意義——台灣人乃自有其個性，自有其想像，自有其生活的意向與趣味，而一些生動活潑的象徵物，如台灣番薯、台灣百合、台灣水牛和那悠遊於台灣海域的鯨魚，不就始終和台灣人聲氣互通，共在共存？

（五）「台灣人的精神」的未來的意義——台灣人有足夠的自信嗎？台灣人又眞的有愛心嗎？而至於台灣人要有未來，要有前景，又豈能沒有共同的盼望、共同的應允與許諾？

此外，台灣人的精神在樸實、堅忍、慈悲、寬容與無比信心的精神素質之中，是早就代代鑄造出生靈活現的代表人物——從陳永華、吳沙、吳湯興、莫那．魯道、馬偕、林秋梧、賴和、吳濁流、施乾，到蔣渭水、謝緯、楊逵、謝雪紅、王添燈、雷震、鄭南榕，他們不全都生於斯，長於斯，但都爲台灣付出了他們寶貴的青春、心血、智慧與全副的生命。

總之，台灣精神正是台灣人的隨身之寶，它也恰恰是台灣人存在於這世上最顯著的印記。如今，在國家處境如此艱難的時刻，2300萬人能否「心心相印」地凝聚成「命運共同體」（它當是以精神力量相感召，而不斷地造就出休戚與共的一體之感），便成爲決定台灣前途的關鍵所在；而台灣作爲一個社會與國家的主體性，又究竟是否能夠順順當當地挺身而出，勇敢地向世界發聲，讓「台灣」這個符號與標記顯示出它的特殊性、獨立性以及不可湮沒的光采，也就成爲全體台灣人必須一體承擔的共業——台灣人的精神不就是那永不被擊倒的脊樑？

因此，台灣人的精神顯然包含了台灣人的性格型態、台灣人的心理狀態、台灣人的價值思考、台灣人的意識形態，以及台灣人共同的關懷與嚮往。當然，在台灣人的精神做正向發展的同時，歷史的陰影是依然環繞在我們的周遭，時代的腳步也仍然一逕向前，而這世界更是一再地考驗著我們的意志力、忍耐力與決斷力。

其實，台灣人的精神最直接、最具體的展現便是台灣人的國家認同，而縱然目前我們尙未在國家認同的課題上獲得一致的解決方案，但只要我們能夠不斷地培養出彼此可以相互理解、相互包容的共通的國家想像，以及對屬己文化共通的詮釋能力，那麼我們彼此共享這個國家、這個社會的意願與能力，便可以逐步地帶領我們邁向那光燦燦的國家願景與社會藍圖。

或許，要展現台灣人的精神，首先得超克台灣人性格上的弱點、台灣人心理上的缺點、台灣人價值觀念的偏差，以及台灣人意識形態的種種糾結。當然，更重要的是台灣人還必須要有對這塊土地的眞實的關懷、對共同未來的眞實的嚮往。而如此撥亂反正、去假存眞的工作，則必須交由眞正的「台灣教育」來擔負。

而爲了迎向眞實而壯大的「台灣教育」，我們還必須不斷地賦予它眞實的內容——富有「台灣性」的內容，因此以「台灣學」爲礎石的「台灣教育」理當包括：

1.台灣的地理

2.台灣的歷史

3.台灣的語文（當然是指還活著的語文）

4.台灣人的思考與價值觀

5.台灣文化的認知、反省、批判、參與以及重建和再造

6.台灣社會（包括政治與經濟）的建構與實際的走向

7.台灣民主、自由、法治與人權的成就及其相關的課題

8.台灣做爲一個國家的締造工程及其相關的主客觀課題

9.台灣與整個世界的實際關聯，以及隨之而來的資源與負擔

典型在夙昔，我們是得尊重傳統，了解歷史，而在大是大非的原則之下，來仔細揣摩那些展現出台灣人精神的眞正的台灣人所具有的人格特質與生命態度，讓一些「假台灣人」無法魚目混珠，讓一些自命爲「世界公民」之徒不再有機會利用「台灣」。在此，筆者願意借用個人在《台灣人的精神》一書中的兩段文字，來就教於所有關心台灣的朋友：

面向未來，迎向四方而來的生活氣息，我們是大可摔落身上的包袱——它們或者是歷史的積澱，或者是世界的殘餘；或者竟是來自我們心底的病毒。懂得生活的人比較健康，而懂得思考的人也自然比較有自知之明。如今，台灣人的新思維不僅是新觀念，而且是新作風、新格調、新品味。眼前，我們已經沒有多餘的精神氣力去為「台灣人」下一些理論性的定義，而我們最該起而行的應是以真摯的

態度，做真實的思考，繼而發出真誠的言語，展開真切的行動。如此，我們就不必猶豫或甚至於質疑自己為何不能成為一個台灣人，一個真正的台灣人。[1]

台灣心，台灣魂，台灣人，三位一體，生生世世，以迄永遠。而這些有心有魂，有靈有性，有著對台灣無比深沉的關注的台灣人應不能只被論斷「對台灣貢獻了多少？」，而他們的聰明才智也不是要用來和人較量或做無謂的爭競。因此，無論他們來自何方，是哪個地方人？甚至是「哪一國人」？他們最後都在此地生了根，定了根。因此，他們只有一個籍貫——就是台灣。而我們也不必急於為他們蓋棺論定，因為他們已然求道得道，而道在人心，道在台灣人永不迸散的魂魄之中。此外，有了他們，就足以證明台灣代有才人出，而且不拘一格，不限一鄉，不徒然以「在地」自限自困。他們是台灣人生命的典範，他們發揮了台灣人精神，他們已成為台灣社會的不動的柱石，而彷彿那時或暗黑的台灣歷史中一盞盞不滅的明燈，優雅而謙卑地照亮了子子孫孫無可迴避、無可閃躲的道路。[2]

四、以台灣精神塑造台灣人的國民性格

德國哲學家黑格爾的精神哲學，一方面肯定我們的「意志」是生活世界的動力所在，一方面則認爲，唯有我們「欲望」自己的「意志」，我們才眞正是自由的；而此一屬於意志自身的自由，乃是一切「權利」的原則和基礎。

[1] 葉海煙《台灣人的精神》，台北，財團法人群策會李登輝學校，2006年，頁52。
[2] 同上註，頁82。

由以上黑格爾「精神王國」的視野看來，目前台灣人是否已經有了足以締造共同生活世界的自由意志，卻仍然是個難以解釋清楚的問題。只因為台灣人是否一直地「欲望」著自己的「意志」，是否持續地關注自己所努力所追求所關懷的一切，並且還因此樂意讓自己誠實地面對自我（這「自我」當然是有所求、有所欲、有所望的一個個人），以順己願，以遂此生，而終使自己成為一個個「主體」——這主體自是生活的主體、社會的主體，也是國家的主體。如此提問，如此自省，如此質疑自我，批判自我，顯然始終是台灣人不能不用心料理的生命課題。

而如果把以上的問題歸納到台灣人的文化志向與國民性格形塑的課題上，那麼自我解釋與自我探索的可能性便將多少會出現一些聚焦的效果。也就是說，唯有當台灣人的生活意志、生活欲望，以及對此一生活世界的種種想像，不會只在無邊黑暗之中無端逡巡，也不至於淪入空洞而虛幻的主觀世界的時候，台灣人才可能活得眞實，活得自由，活得自在，活得有生氣、有意思，有理想、有目標，而且還可以因此進一步活出一個個自我，以及一整個充滿人味的世界來。而也唯有當如此眞實的台灣人，以及如此眞實的台灣的土地終於現身，才眞正能讓我們有資格肯定自己是頭家，肯定自己是這塊土地的主人。

從來，我們總是就台灣歷史發展的進程，斷言台灣是一個移民社會，其實這仍然不足以描述台灣人千百年來以共同的意志、共同的欲望、共同的想像，以及共同的生活動能與生活的決心（determination），所全力開創的這個特殊的生活平台——此一平台包括台灣人生活機制的內容重整、台灣人歷史意識自主的發展，以及台灣各族群在文化融合過程中所呈現的多元性、前瞻性與未來性，而這顯然與台灣人國民性格的形塑，有著十分密切的關係：

（一）首先，在生命自由的前提下，台灣人共同的未來已然不是可以單憑一味地與生活事實周旋的社會化工程，就能夠「畢其功於一役」的。

因此，台灣人對未來的想像實應與台灣人精於生活算計的心思並行不悖，而兩者的結合終將引領台灣人走向光明未來，並同時為建構台灣人的價值觀做出具體而有效的努力。

（二）台灣人的歷史一方面與台灣社會的形成互為因果，一方面則對那所謂的「台灣精神」（或「台灣人的精神」）提供了如活水般的意義資源。台灣歷史人物所已呈現的人格典範，便是在此一交織血淚的「人性史」裡被不斷地鑄造出來，而因此不像那渺渺荒煙中的英雄，或是所謂的「古聖先賢」般地虛幻不實。悲壯的保台義民吳湯興與血染早櫻的莫那・魯道，不就是其中個性淋漓、神采飛揚的特例？

（三）至於台灣各族群之間的交往、磨合，以及難以避免的爭鬥、衝突，卻也同時以另一種模式，為台灣人的文化志向與台灣人的性格形塑兩者之間的互動關係，做了極為生動的驗證。而其間所揮灑的生命力道，則更已成為各族群共譜台灣人生活藍圖的主要色調。二二八的悲慘、二二八的苦痛，以及二二八的英烈所映照出的絢爛，不也就是後來台灣人沉默堅忍以共赴不可測的未來，所憑藉的歷史記憶？其中，不也正耀現著無比亮麗的生命采色？

因此，我們應肯定地說：我們是這塊土地的住民，是這個社會的居民，更是這個現代國家的國民與公民。長久以來的住居經驗早已全般滲透入我們的生活意識中，而形成了只屬於「台灣」這個生命括弧下的基本屬性。

而如今在住民、居民的身分之上，我們又當如何進一步為自己安置好國民與公民的位階，以便一起信步邁向那身為台灣人所可以享有的理想大地，這顯然不得不先回應底下這個重大的課題：台灣人的文化志向如何能對台灣人的國民形塑發揮決定性的力量，而眞正地影響台灣人的思想、意識、心理與價值觀？

在此，我們應可以從下述三個面向來界定台灣人的文化志向：

（一）它指的是台灣人為生活甘願付出的心力之集合。

（二）它意謂的是台灣人身在此一生活世界中所鍛鍊出的生活意志或生活意向。

（三）它也同時包含著台灣人一心追求生活理想與文化理想，而運用集體之力量所交織成的精神介面與心靈因子，如審美之感、道德之思、潔淨之心、同胞之愛，以及追求幸福安樂的諸多心志習慣。

由此看來，文化志向與國民性格形塑實乃互為體用，而在志向與性格一體成型的情況下，主體性於是孕育成胎，這未嘗不是台灣人身處文化之場域所可以奮力一搏的大事。

簡言之，文化志向亦即文化精神之走向，其中顯然必須包括理性、情感、意志等要素，而在台灣人生存意志一直未曾被削弱的生活進程中，這三個要素便必須相互為用。也就是說，台灣人必須運用理性看清周遭的環境，同時必須揮灑情感以凝聚生活的共識，而且還得貫徹意志來突破生活的障礙，來創造嶄新的未來。如此的努力其實已然是自我造就的生命歷程，而台灣人的基本性格於是便有了足以醞釀豐富內涵的素材。

而此刻，當我們說自己是「台灣國民」，竟仍然有些弔詭，只因我們至今依然在「國家認同」這個基礎工程上，欠缺強而有力的自我建構以及主體性的經營。而當務之急，是我們該為自己打開一條活路：一起在公共的生活空間裡，展開全方位的公共論述與公共行動，同時以權利意識和責任之感，來營造健康而可大可久的公民之德。如此，先取得公民的身分，先具備公民的性格與素養，那麼台灣人的「國民」身分證不就因此可以印製完成了嗎？

總之，我們是不必硬碰硬地向客觀世界做無謂的宣戰，反而應該心平氣和地將我們身為台灣人所已創造的文化業績內化為我們生命的質素，並在社會想像與現實的生活需求之間求一穩定的平衡，以繼續開發我們的文化精神——此一文化精神由志向而志願，再由志願而志業，而這其實已然是我們身爲台灣人的天職（calling）。此外，2300萬人既是一個單位，也同時是一國之民，那麼警覺我們是共同歷史的存有者，是同一個社會的主人，而一起致力於對生活的關注、對國家的想望、對未來的期盼、對世界的責任，以及對自己與他人的同情的理解，這恰恰是經由文化活動與文化志向，一路爲我們的國民性格形塑打拚的康莊大道。

五、台灣人的生命意義與自我超越

活在此世，人人都必須先行回應「我是誰？」這個基本問題，然後才可能進一步探索個別生命存在的底蘊；而吾人做爲一生命個體的眞實意義，則又必須經由自我之超越，才能夠眞正地豁顯開來。因此，爲了建構主體性的哲學，以進行自我之認同與自我之了解，人人也都必須在眞與假、對與錯、是與非、善與惡，以至於自由與奴役、沉淪與超越之間，做出正確的抉擇與堅毅篤定的行動。由此看來，本單元做爲「精神信仰」系列的核心課程，其內容乃當以探索自我的諸多進路爲其意理主脈，以便進一步吸納並整合存在哲學、心靈哲學與生命哲學爲一大系統，而得以將智性之思維、感性之動力以及吾人生命內在之意欲，轉入於吾人生活之現場，從而展現每一個人眞實存在的獨特性與無可替代性——這不就是所有台灣人爲了確認自己的身分，所必須全力以赴的生命志業？因此，台灣人顯然應該一起來建構底下三種共屬共享的「生命哲學」。

（一）希望的哲學

說人類是唯一懂得「希望」並且同時擁有「希望」的動物，似乎並不爲過；而「希望」至少有下述五個側面的意義：歷史、社會、文化、精神

（心靈）與生命終極等五個側面，皆有希望的因子如氣一般流動，而希望就恰好介於過去與未來之間、現實與理想之間、黑暗與光明之間，以至於邪惡與良善之間、生命與死亡之間、暫世與永世之間。此外，心存盼望，意在言外，不正如同基督三德之以「盼望」連結信仰與大愛？而湧自吾人內心深處的希望與祝禱也彷彿佛菩薩無上之願力（所謂「四弘哲願」）——先有無窮之願力，而後有無盡之願景？而就哲學思考而言，則只要我們永不絕望，永不放棄，永不屈服，不也正是在回應德國哲學家康德「我們人究竟能夠追求什麼？」的提問？而現代哲學家如尼采、海德格、馬賽爾等，則都深切肯認「希望」在人類精神與心靈世界中可能引發的作用與影響。如今，在一片失望的愁雲慘霧中，台灣人最該自問自省的就是：面對未來，我們還能夠心存什麼希望？而我們又能否再進一步去追求什麼美麗的生活願景？

（二）改變的哲學

「變」不僅是無可迴避的事實，更是無可離卸的觀念與態度。而變化之存在於自然世界，以至於人文世界與精神世界的更改與變革，在在值得探索與深究。古往今來，似乎一切都在改變，而變中有不變，不變中又暗藏諸多之變數。一般而言，變有漸變與突變，有經常之變（以規律為依準者）與偶發之變（即所謂「意外」或是無可理喻、無可置信之情事）。然就人文世界與精神（心靈）世界而言，一切之改變幾乎都源自於自我之改變、自我之革新，而此又非以「心靈改革」爲基點與超點不可。因此，改變亟需動力，革新更非有自覺自醒之主體性因素全面介入不可。而無論是由對立激化爲矛盾，或是由衝突轉向爲和諧，其間之歷程與路徑又何止千千萬？同時，世間之道理幾無不蘊含於其中，而人心之奧祕也彷彿早已孕育於此一融主客觀爲一體並洽合人文與自然爲一爐的存有之域。表面看來，有去就有回，有來便有往，但在社會與文化的改變與吾人主體之思維不即不離的生活情境裡，呼應與回響可就往往不是那麼自自然然、順順當當。因此，當古希臘哲人赫拉克利圖斯斷言，「我們不可能兩次踩在同一條河裡」時，他也就同時大開辯證思維的先河，而東方經典《易經》在探究自然變化之際，更同時賦予不變之理甚深之意涵，甚至還進一步提出「簡易」之思維以駕馭一切之繁瑣、複雜與人文變革之現象。目前看來，台灣人處在日新月異的大環境中，又該當如進行自我之改變與人格之改造，以自行脫困，自闢生路，則顯然非有一種足以回應一切改變的力道不可——而此一力道實不能不集中下述四種力量以畢其功於一役：社會的建構力、文化的創造力、心靈的革新力以及生命的超越力。

（三）價值的哲學

一般而言，從思考到行動，顯然非經價值之抉擇不可；而所謂「評價」（evaluation）之活動，其所涉及的主客觀因素，則已然攸關社會、心理、文化，以及個人主體性與社群集體性二者交應的關係網絡。因此，爲了了解台灣人究竟如何建構其價值觀，並從而理解其間之困難與偏差又究竟從何而來，我們顯然不能不在心理學與社會學的引領之下，經由廣義的人文學（包括歷史、哲學與宗教）的思維與論述，逐步展開具有價值哲學與文化哲學意涵的探索行動——而這當然也是避免無謂的價值中立與無稽的價值混亂的必經之路。因此，本單元之所以放入「精神信仰」系列課程之中，其主要目的即在「解構」台灣人價值意識的多方多重多元之積澱，以便大開吾人由事實判斷到價值判斷的心靈出路，而終讓所有台灣人得以由「主體的哲學」（以自我之知識論爲基底），經「關係的哲學」（以道德與倫理爲場域），進而向「未來的哲學」（以關懷與信仰爲導向）邁開大步；其間，如哈伯瑪斯揭櫫之「溝通行動」理論，便可做爲台灣人在此一生命共同體中一起創造「台灣價值」的重要參考係數。此外，當如何避免價值思考由片面而淺薄化，由約化而單向化，以及因封閉而停滯不前、固執不通甚至頑冥不化，更是探索台灣人價值觀的形塑過程，所不能不特別關注的艱鉅課題。

六、台灣人的精神自覺

既已決志由希望引領，以不斷地進行自我改變與自我更新，以實現身爲台灣人存在的眞實的價值，那麼我們便必須深刻地自我警醒：如今，台灣走到這個關鍵的時刻——就是大文豪狄更斯（Charles Dickens 1812～1870）在《雙城記》（*A Tale of Two Cities*, 1859）中所寫的，「這是一個最壞的時代，也是一個最好的時代」。而「置之死地而後生」這句老話，不也就是2300萬人共同的心理寫照？

確實，就台灣人的精神內容來看，特別是我們心靈的內容來看，要清除的東西非常多。我們眞的要清除我們心靈的污染和髒污，而我們更積極要來做的，就是醫治我們精神心靈上的病灶，才能讓我們的精神健康起來；不健康就不正常。

當然，在醫生的眼中來看，每個人多少都有病，就像中國人所說的「醫門多疾」，我認爲我們台灣人最需要的，是自己救治自己，自己能夠來做自己的醫生，我們要有自癒的能力，特別是對存在哲學、生命哲學、心靈哲學和精神哲學來說，台灣到了這個時代，更必須所有人都動起來，一起向著共同的未來動起來。

然而很可惜的是，台灣過去的人文學術，很多都被政治權力收編了，不然就是被某些宗教界或某些財團收編了。聽說台北有某座香火鼎盛的廟宇，曾經因爲「生意」實在太好了，對外徵求解籤的師傅，說唸文科的最適合，而唸哲學的似乎更有辦法來解那往往教人摸不著頭腦的籤詩。

或許，在這世局彷彿棋局的時代，我們根本不可能算清楚自己的命，但是我們或許可以算算我們集體的「共命」或「共業」——過去的命運，幾乎都是別人幫我們決定的，而未來的命呢？我們可不可以自己決定？我們是不是可以當我們集體命運的主人翁？

如何探索台灣的精神，我說的可能和醫生治病那種實際性的深入不一樣，就哲學的角度，是採取比較大方向來探討。大方向來說，所有台灣人的精神，就是台灣人精神力量的總體，也是台灣人心靈內容的總合，生命精神的總表現。

全世界所有的民族，他們之所以能夠站起來，是因為他們的生命力，讓他們能夠站穩起來。這種生命力的表現，特別是在精神層面的部分、心靈的部分、在文化意義上會讓他們感到自己的尊嚴，也會產生一種自主的意志，也有願景和希望。

由此看來，台灣人需要有自己的哲學。現今台灣最需要的哲學，我認為有三個部分。信心的哲學，要怎麼樣才能夠相信？沒有清算平反的歷史，沒有眞相，我們要怎麼去相信？有政治人物曾經如此感嘆：「眞相是走向寬恕的密碼。」追求眞相，我們的智慧、我們的思想觀念，是不是能夠帶領我們的精神和心靈，走向正確的方向，走向正確的路。這樣的信心，事實上是一種力量，是意志力，我想信心就是主體性的最大表現。

丹麥哲學家齊克果（Soren Kierkegaard, 1813～1855）有一句名言說，「主體性就是眞理。」他是一個基督徒，但是他反對教會，因為當時的教會出了很大的問題；雖然他也有拿到神學碩士學位，但是他一生都為了他的眞理、為了他自己的上帝在奮鬥。他說「主體性就是眞理」，我認為這個就是意志力的哲學、信心的哲學。

德國哲學家尼采（Friedrich Wilhelm Nietzsche, 1844～1900），我想大家都對他很了解，他說我們人的精神，必須經歷三大變化。第一個變化，我們就要像一隻獅子，向前奮鬥；有那個力量，才不會驚惶懼怕。再來，我們要變成一隻駱駝，忍辱負重，承擔起我們的責任。我想，信心的哲學，就是承擔的哲學。現代的政治講究「責任政治」，政治家要負起自己的責任，他們就彷彿是駱駝。

但是，變成駱駝還不夠，因為他雖然腳站在大地上，卻還是無法當家做主，所以在台灣精神的意涵裡面，有水牛的形象，也有鯨魚的意象，而它們全都是我們所深愛的，且眞正是屬於台灣的。

但是水牛雖然任勞任怨，頭卻是低低的，還被人用繩子牽著走。所以尼采說，最後我們還要再變成一個小孩。小孩有自己的生命力，可以掌握自己的行動，而且純眞，還有夢想，所面對的則是長遠的未來，而未來一直來、一直來。看來，我們眞正要面對的不是過去，而是那不確定的未來。

這也表示我們要讓那些不愉快的過去眞正地過去，如此一來，我們的未來才會有美好的願景。而我們是不是可以變成純潔又純眞的小孩，更考驗著我們。顯然，我們已經到了一個關鍵的時刻：我們已然不能不面對自己內在的生命，思考在這台灣歷史的分水嶺上，我們是不是能夠像一個純眞的小孩一樣，不畏懼，不驚怕，也沒有任何不必要的負擔，而睜眼所見，全都是美好而且值得我們期待與盼望的。

接著，我們還要有希望的哲學。以前，一些心理學家認為什麼都可以是中立的，「價值」不值得特別關注，現在卻有一些心理學家發現有所謂的「正向心理」，它讓我們興起樂觀的力量——原來，希望就是我們生命價值之所繫，而願景就是我們所追求的終極的價值。

而最後我們要培成值得我們終身以赴的「疼惜的哲學」、「愛的哲學」。我們可以借用基督教的「信望愛」這三個基本理念，來闡釋我們的台灣精神——這就是說，我們要有共同的感情、共同的願景和共同的智慧。首先，我們願意共同來打拚，發揮超越困難與險境的意志力。如今，到這個必須做出生命抉擇的時刻，台灣人已經不能再做無謂的悲嘆，也不可再為過去歷史而覺得可恥，更不能再紛紛擾擾地鬧意見，因為我們2300萬人已然是一個命運共同體，除非你不認為你是台灣人。

七、台灣魂的發展歷程

所以在這個時刻，我們是不是要來思考，要怎麼樣把感情、思想和意志這三個力量結合一起，而我們要再進一步加強我們的自我認同和自我實現。而自我的認同其實已然出現在我們每個人都不太相同的過去裡面，雖然台灣2300萬人一起居住在台灣的經驗具有相當的差異性和特殊性，但我們還是必須去了解我們共同的心理狀態以及我們共同的生活困境，以便慢慢地來進行眞眞實實的自我認同，而這不正可延展出一段段感人的故事嗎？

其實，代表台灣人精神的人物所在多有，其中有所謂的「本省人」和「外省人」——被稱做「外省人」的雷震就是其中極為突出的典範，他待在中國的時間長於待在台灣的時間，但是他對台灣的認同卻一步一步來。他曾如此寄望：寄望他所屬的這個國家未來的國名裡面，能夠包含「台灣」兩個字——就是「中華台灣民主國」。「外省人」雷震竟然已經把「台灣」放入他美麗而動人的國家想像之中，而這不是能夠教或者先來或者後到的所有台灣人感動嗎？

而這樣的感動還來自於馬偕，他本來是外國人，但是為了眞理，為了希望，為了傳教，他來到台灣。或者是像莫那．魯道，我想他絕對不是因為單純的民族主義在抵抗日本，他是為了爭取台灣人的自由和公義，台灣人不想被壓迫，不想被奴役。因此，台灣是我們僅有的生活場域，而我們就是這生活場域中獨立自主的主體。有一個日本學者——伊藤幹彥，他在台灣大學拿到博士學位，專門研究日治時代的台灣政治史，他將蔣渭水歸類成在抗日運動中的獨立派，是獨立論者。伊藤幹彥認為，蔣渭水所提倡的「自治」，其實就是「獨立」，如果沒有獨立，又怎麼可能施行自治主義？自治主義就是獨立。

目前看來，整個台灣的文化運動，正緩緩地在自我轉化的過程中進行。而台灣是不是要嘗試去尋找屬於自己的思想價值？這理當是一個嚴肅的課題。在中國文化與台灣文化逐漸分流的這個時候，我們的立場當然就是「台灣立場」，因此要解釋中國的哲學和中國的文化，我們是一定要有自己的主導權與詮釋權。

台灣文化的內容之中有很美好的成分，最早的原住民帶給我們樂觀與藝術的天分，而日本人則留給我們精緻而穩定的公民意識與公共空間，但更重要的是，台灣人要主動地去追求美好而眞實的生活願景。

以前，我們常譏笑日本人「有禮無體」，但是「無體」怎麼能夠「有禮」？因為「禮」這個字裡面，就有一個「豊」字，它就是「體」的字根，因此禮表現在外，而體則是內在的。我認為這是因為我們的思考缺少「形式思考」，從哲學來說，內容是不穩定的，你必須要有形式將內容穩定下來。由此看來，日本人帶給台灣人這種「形式思考」是很重要的，它讓台灣人「有禮又有體」，而中國文化呢？上述這些文化的成分都是台灣文化的源頭，而這些文化滋養讓台灣的精神不會流於空泛，台灣精神讓我們擁有自覺和自決的意識，這生命內化的過程是很自然形成的。

而台灣精神的發展恰恰有三個階段——正彷彿黑格爾（Georg Wilhelm Friedrich Hegel, 1770～1831）哲學的「正反合」辯證有三個階段。首先，不管我們從哪裡來，早來或是晚到，我們第一個階段就是來到台灣，認識台灣這個新世界，這就是「正」，而我們的目光就像剛剛出生的小孩一樣，一直向前在尋找，在試圖發現所有可能的新奇的事物。

再來「反」，就是我們開始發現「這個世界怎麼會這樣？」又怎麼老是有外來的統治者在使喚著我們？於是，我們開始有意識去抵抗，去衝決羅網，去超越困難，這就是尼采的哲學，他反對「奴隸道德」，他認為很多人的道德，都是那種只想做奴隸的道德觀，譬如有人會說「你可行行好！分我一點甜頭啊！」這類的道德觀，只是徒然利用別人的愛心，或者說慈悲心，來牟取個人的一絲絲利益。

實際上，台灣人就是那麼有愛心，那麼充滿善意。但是台灣人的道德感，顯然還必須要有更強的正義感、更多的智慧和理性，以便能夠分辨是非，明辨善惡，不能說因為善良，就被人家拖去殺掉都還不自覺，像屠牛一般，況且那牛被拖到屠宰場的時候，聽說還會掉眼淚。我們當然希望，我們這些「台灣水牛」不會有被送進屠宰場的一天。目前，我們必得好好壯大自己的意志，好好堅持自己的方向，因為主人就是我們自己，主人怎麼會是別人呢？

所以經過台灣人數百年的反抗經驗，我們今天已經走到「合」的階段。這就是在追尋到自我的認同之後，接下來就要開始追求自我的實現，自我的決定。所謂「哲學」，那個「哲」字最後會變成選擇的「擇」，而哲學就變成學習選擇的學問。就台灣來講，我們當然會選擇台灣這個國家做為自己的國家，這是不需要多所討論的問題。十幾年前，在台灣的國家處境不太好的時候，有家報紙曾經以「離不開台灣的理由」，當時有一篇作者只寫了四個字——「沒有理由」。確實，沒有理由，因為大家出外，然後回來，就彷彿鮭魚返鄉一樣，是個本能。又因為我們的精神可以無限擴大，因此有人說「態度決定高度」，我想精神的高度也決定我們生命的高度，我們的氣度則決定我們的廣度，而我們的長度就是我們願景的長度。我們有希望，這個希望是長長久久的，因為我們的母親是台灣。人家說，小孩思念父母猶如樹尾風，父母思念小孩卻似長流水。我們相我們思念台灣，就如長流水一般永遠不斷也不停。

而所謂「台灣魂」，就是台灣人生命的「道」。歷史已經告訴我們，我們一直試圖著要做自己的主人，只是到現在都還沒有完全成功，因為台灣精神還沒有甦醒。甦醒就是清醒，就是覺醒，所以要怎麼樣做出歷史的抉擇？要怎麼讓我們自己在這片土地上，建造我們自己的家、自己的國？這就是我們台灣人要從歷史學到的教訓——就是要教我們怎麼做主人，怎麼做我們自己歷史的主人。

八、台灣文化的自生之道

至於文化的傳統則長長久久，而台灣文化形成的過程又何止400年？就原住民文化而言，起碼已經有3000～4000年的歷史，而台灣原住民和中國的貿易也已經有千年的歷史。總的看來，台灣人在這片土地上所創造的文化，實在有容乃大、非常豐富——我們有很多優秀的詩人和文人，運用台灣文化的滋養，創作出那麼多美好而動人的詩句和文章；而所有研究科學的人，其實也都是文化人，科學和科技當然是人文，它們當然也是台灣文化主體的眞實內容。

再來，我們的文化要有眞實的內容，則必須整合台灣人文化——我們要屹立在這塊土地上，一起追求新的未來、新的生命，同時還要吸收全世界的文化來進行融合與轉化。而中國文化也是我們生活內容的一部分，是台灣文化的一部分，因此我們要將它轉化，我們要取得詮釋中國文化的權力，我們要創造出嶄新的台灣文化，它就是我們生活內容的總和，這其實不容質疑。因此，「去中國化」在政治上一定可以講得通。而就文化有容乃大的觀點而言，中國文化可以進入台灣來，因為台灣有廣度，有高度，也有深度和長度來容納中國文化。

而我們的精神空間更是無限廣大，它當然有豐富的文化內容，而不是一種意識形態。至於我們所決志以赴的，就是我們台灣人絕不能或缺的國民性格，而精神是性格的內容，也是性格的表現。因此，國民性格、國民意志與國民精神，實乃三位一體。

眾所周知，日本西田幾多郎的哲學受到佛教很大的影響，它吸收了禪和空的思想，而主張從心靈境域創造出生生不息的生活場所。西田認爲從自我意識到絕對的意志，其中有著充滿作用性與功能性的直覺，就是爲了實現我們純粹的生活經驗。因此，他希望日本人能夠「眞正的生活在生活裡面，生活在現在裡面」，過去都已過去了，未來則還沒有來，我們能夠掌握的，只有現在，所以西田要我們誠實面對自己的社會、自己的歷史和自己的文化，因此他提出所謂的Place——就是「場所」。而我們台灣人的場所，就是台灣，而台灣作爲所有台灣人生活的場所，它包含了台灣人的生活與精神、心靈的世界，而所謂自我的意識，其中包含精神性的辯證，要從「反」過渡到「合」的階段，要怎麼樣去脫殼求生而不是借屍還魂似的存在——「台灣魂」即是一種正向的精神能量。

至於精神意義還有所謂的「象徵」，也就是剛剛談過的「番薯、水牛、鯨魚」，所謂番薯不怕落土爛，它的根和枝葉是代代傳的，而水牛忍辱負重，正是歷史給我們的考驗和試煉。

如今，台灣精神最獨特而珍貴的象徵就是台灣百合，它是台灣的原生種，學名裡面有「台灣」兩個字，所以可以說，台灣百合老早就獨立了，它已正名成爲Lilium formosanum，從台灣的北海岸一直到玉山的鞍部，全都有台灣百合，它到處都開花，而且形象又那麼純潔，還能夠抵抗惡劣的環境，不論如何都要求生，還要開出美麗而高貴的花朵。

我們又該怎麼讓台灣變成一尾鯨魚，不怕四面大海的挑戰？不怕任何的險境，以衍生台灣精神的未來意義？因此，我們的哲學觀裡面，是理當包含信心的哲學、希望的哲學與疼的哲學，歸納起來，它就是一種有未來性和現代性的哲學，而可以讓我們同時面對過去、現在和未來。

台灣精神就是要我們樸實、堅忍、慈悲、寬容。此刻，我們得反省：我們有足夠的熱情嗎？我們是不是不夠理性？眞假、是非、善惡都分清楚了嗎？看來，我們在樸實憨直之外，還要有智慧，還要有理想性，而我們的善良絕對不能被人利用。

台灣精神讓我們有改造自己的機會，我們現在更不能不同時進行人格的改造、社會的改造和國家的改造。過去台灣人精神的代表人物，他們的精神是永遠不會失散的，他們精神不死，他們生命長存，因爲台灣精神是我們台灣人的隨身寶，是台灣人站在這個世界上最明顯的記號。在台灣要走入世界的時刻，我們都要有共同的思考、共同的意志，讓我們有禮又有體，讓我們的生活內涵越來越精緻，讓台灣魂一路迎向正向而光明的理想價值。

而我們不能只講理論的哲學，還要實踐哲學：透過自我的了解與反省，思考要有邏輯，人與人之間要有倫理學，而且是可以應用可以實踐的倫理學，包括人與人之間的倫理，人與環境之間的倫理，這些實踐的哲學可以讓我們學著站起來，而不自我矮化、奴化和物化。

詩人李敏勇曾經寫過，「有動人的心靈才有動人的政治、動人的國家」，但是我們到底要怎麼去面對自己和這整個世界？遺忘是記憶的開始，我們要怎麼保持赤子之心，對現實充滿熱情與活力？就像尼采說：「孩子是自轉的輪。」不斷地向前滾動，來慢慢地重塑台灣人的精神？

所以，台灣精神的重塑，不是一種包裝，而是內容的改造和重新的開始，讓我們的生活不斷地重新活出來。由此看來，我們既然認爲台灣是個國家，就要幫助台灣站起來，而讓我們不只是住民，而且還是國民，更是公民。

總之，歷史永遠活在我們的心裡，而歷史記憶永遠是那麼鮮明，它讓過去和現在接軌，變成一個可以無限延伸的平台，讓我們一路奔向未來，一路從台灣的過去走到現前的台灣，還繼續邁開大步向著台灣的未來。

結語

人文是根柢，根深而柢固。

願景即花果，花開乃結果。

而台灣呢？台灣人呢？

——台灣當然有人文，人文是台灣的根柢、台灣的莖幹。

——台灣人當然有願景，願景是台灣人的心、台灣人的眼。

是先有斯人，而後有斯文。

是先有斯民，而後有斯國。

然而，斯斯文文的台灣人在哪裡？

政治家都這麼說：有什麼樣的人民，就有什麼樣的國家。

我們當然也可以這麼說：有什麼樣的國家，就會有什麼樣的人民。

由此看來，要實現眞民主與眞自由，便不能不在人民與國家之間，拓開一個足以包容人文和願景的廣大空間，而讓每一個民主人都成爲一個個文化人，同時讓每一個有教養有內涵有品味的文化人都有願景有理想。如此一來，廣大的人民就不會是烏合之衆，而能夠守禮守法；國家也將不再恍若空中樓閣，而能夠將權力下放於每一個角落，不斷地轉入於人我之間，成爲千萬人共存共在、共生共榮的最大支柱與庇護。

眼前，若說台灣已然成爲文明之國、自由之國、民主之國與進步之國，雖然不算誇大，但在重科技而輕人文、捨在地而媚外洋的價值思考籠罩之下，台灣的文化發展竟出現了「輕、薄、短、小」的劣質化現象——輕薄的是台灣人的思想和心靈，短小的是台灣人的眼光和志氣，而這樣的人文困境和心理窘態則已經一再地對台灣人的政治表現與社會行動，產生十分惡劣的影響，而如此負面的價值思考則已然在許許多多台灣人的投票行爲上，出現了嚴重的癥候。

顯然，一方面，有一些台灣人作繭自縛，甚至妄自菲薄；另一方面，則有一些台灣人夜郎自大，以至於恣意妄爲，而這其實都是人文惹的禍，尤其在欠缺願景與理想的情況下，不少台灣人更濫用了自由，誤解了民主，甚至跟著政客和傳媒起舞，而竟然一直無法做自己生命的主人，無法在自己和別人之間共通的生活場域裡，培養出足以讓這個社會變得更有希望更有活力的趣味來。

在此，就讓我們從頭說起。首先，身爲一個台灣人，對這一塊土地有最眞摯的認同，實乃天經地義。而有了堅定的認同打底，信心和共識便跟著來。如此一來，我們便可以從從容容地對生活周遭的所有問題進行具有廣度、深度與高度的思考，例如當我們肚子餓的時候，並不一定會急急忙忙去找吃的，而卻可能動心起念，反思自己當時的處境、情境和心境，好好選擇該怎麼吃，或者該在哪兒吃，才能吃得舒服愉快。如此的心路歷程，幾乎時時刻刻進行著，而我們便因此對自己的生活有了無盡的盼望與願景。如此，因認同而形成共識，自反思而舉心向無盡的願景，不正是一道道一以貫之的生活歷程？而整個台灣不也就恍似這生活歷程所承載的一艘大船？

因此，一旦踏上自我覺醒的心路歷程，台灣人便將大有機會經由彼此對等而互通的認同與共識，以及深刻而長遠的反思與願景，而一起來爲自己這無可讓渡的家與國共同打拚。如此一來，在這必須與時間競賽的關頭，我們已然不能再把台灣目前種種的問題與難題，一味歸罪於充滿恩恩怨怨的歷史際遇與族群關係，同時也不能再一廂情願地將眼前的煩憂和困擾，全數歸咎於所謂的M型社會和中國所引爆的磁吸效應。

原來，人文絕非曲高和寡；而如今我們也已不必再高談人性之論，倒是該親切而直接地來體貼人心，來檢點每一顆心，來眞正了解台灣人究竟在想些什麼，又究竟在盼求什麼。同時，我們也似乎不能只是高舉人道精神，而是該實際地通過對人權現況的關切，來審視現實的人間，看看我們這裡到底出了什麼問題——或許，大多數的問題都和我們的思考力、意志力和感動的能力息息相關；思考力決定我們的價值觀，意志力幾乎左右我們的行動，至於彼此相互感動的能力，則和我們能否成爲一個強而有力的社群，有著密切的關係——因爲冷漠終將導致無情的分化，而眞實的關懷則可以把我們帶向共生共榮的願景。

由此看來，我們的問題幾乎都是人文的問題；而當咱們台灣已然是自由的台灣、民主的台灣，我們的下一步就是要一起把台灣推向人文的台灣、公義的台灣、幸福的台灣，而「人文」自是包含自由、民主、公理、正義、人道、人權、關懷、信任、盼望，以及無窮無盡的願景。

總之，活在台灣，我們終將是幸運的，因爲我們不僅有絕佳的機會來爲自己的未來打拚，而且還可以經由下列三個方向，去尋找我們可以共享的福祉：

1.勇於面對一切的事實

2.凡事秉持誠實的態度

3.奮力追求眞實的理想

而這三個方向也就是充滿人文關懷與人文素養的三個原則、三種情操、三項判準，讓我們可以用來省視自己的存心動念和言行舉止，而它們還可以讓我們用來檢驗所有政治人物的作爲、風格與品德——也許，對人文台灣而言，2300萬人都是主角，每一個都不能少，而只要大家在嚴肅之餘不失幽默感，在認眞打拚之中又能從容地細細品味人生，那麼便沒有任何人能任意指派別人當副手充配角，或者隨便譏諷哪一個人是小丑。因此，如果所有台灣人都能夠持續地如此自問自答，那麼台灣意識便將恍似石磨般自動自轉，它終可以讓台灣人共屬的美夢成眞，大步邁向理想而美好的國度。

參考文獻

1.薛化元等編撰。台灣的歷史。台北：玉山出版社。2004。

2.向陽。台灣的故事。台北：財團法人群策會李登輝學校。2004。

3.李永熾等編撰。台灣的主體性建構。台北：財團法人群策會李登輝學校。2004。

4.世台會。型塑台灣人的精神「實踐台灣人心靈重建的指南針」。台北：前衛出版社。2008。

5.葉海煙。台灣人的精神。台北：財團法人群策會李登輝學校。2006。

問題討論

1.「台灣意識」做為台灣人自知自覺以迄於自我奮起的精神動力，其基本之屬性為何？其做為一種人文論述的意義脈絡又為何？請析釋之。

2.以台灣精神塑造台灣人的國民性格，究竟需要哪些主客觀的條件？而台灣人的文化志向又有哪些基本面向？請對比國民性格與文化志向之間的關聯性予以論析之。

3.台灣人需要哪些基本的哲學觀念以進行自我之認同與生命之自覺？請參照齊克果、尼采與西田幾多郎的觀點論述之。

4.身為台灣人，我們到底甘願為台灣這塊母土奉獻多少的心血？

5.既已活在台灣，我們究竟能在這個歷史分水嶺上翹望如何之光景？

6.面對或緩或急、或明或暗、或可測或不可測的台灣的未來，我們又到底能探勘出什麼新的希望、新的生機與新的未來？

國家圖書館出版品預行編目資料

台灣學入門 / 葉海煙主編. -- 初版. -- 臺北市 : 五南, 2011.01
面； 公分

ISBN 978-957-11-6175-4(平裝)

1.區域研究 2.文集 3.臺灣

733.07 99023429

1WF5 通史系列

台灣學入門

主　　編 — 葉海煙(322.2)
作　　者 — 黃伯和、莊萬壽、鄭瑞明、卓春英、洪慶宜
陳錦生、吳麗珍、李憲榮、廖勝雄、葉海煙
發 行 人 — 楊榮川
總 經 理 — 楊士清
總 編 輯 — 楊秀麗
副總編輯 — 黃惠娟
責任編輯 — 高雅婷
出 版 者 — 五南圖書出版股份有限公司
地　　址：106台北市大安區和平東路二段339號4樓
電　　話：(02)2705-5066　　傳　　真：(02)2706-6100
網　　址：http://www.wunan.com.tw
電子郵件：wunan@wunan.com.tw
劃撥帳號：01068953
戶　　名：五南圖書出版股份有限公司
法律顧問　林勝安律師事務所　林勝安律師
出版日期　2011年1月初版一刷
2020年5月初版二刷
定　　價　新臺幣250元

經典永恆・名著常在

五十週年的獻禮——經典名著文庫

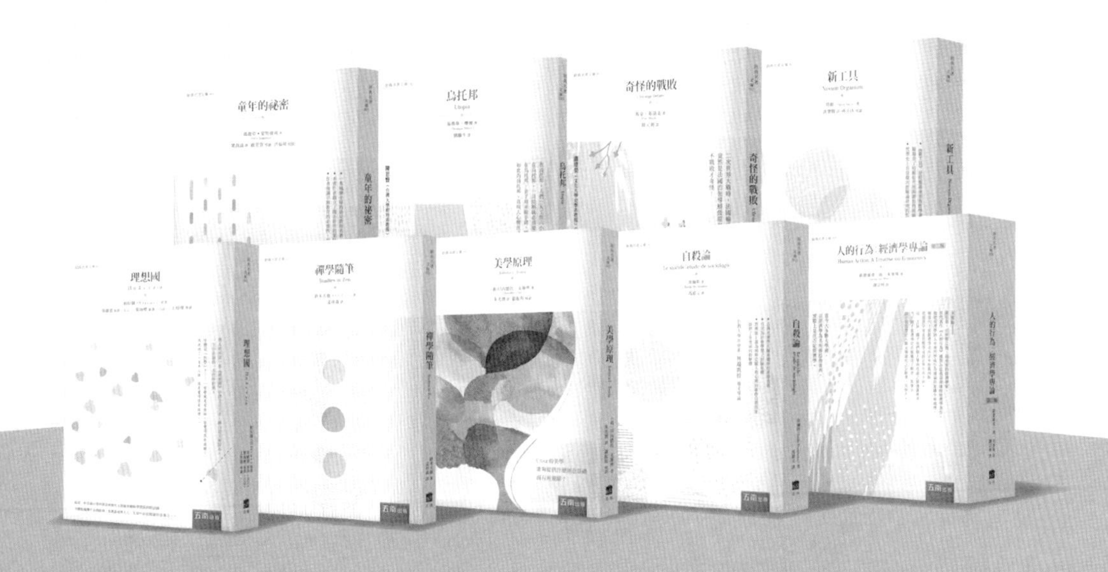

五南，五十年了，半個世紀，人生旅程的一大半，走過來了。
思索著，邁向百年的未來歷程，能為知識界、文化學術界作些什麼？
在速食文化的生態下，有什麼值得讓人雋永品味的？

歷代經典・當今名著，經過時間的洗禮，千錘百鍊，流傳至今，光芒耀人；
不僅使我們能領悟前人的智慧，同時也增深加廣我們思考的深度與視野。
我們決心投入巨資，有計畫的系統梳選，成立「經典名著文庫」，
希望收入古今中外思想性的、充滿睿智與獨見的經典、名著。
這是一項理想性的、永續性的巨大出版工程。
不在意讀者的眾寡，只考慮它的學術價值，力求完整展現先哲思想的軌跡；
為知識界開啟一片智慧之窗，營造一座百花綻放的世界文明公園，
任君遨遊、取菁吸蜜、嘉惠學子！